다니엘 수업

다니엘 수업

대영박물관에서 다니엘 읽기

초판 1쇄 인쇄 2025년 3월 20일
초판 1쇄 발행 2025년 3월 25일

지은이   박양규
발행인   강영란
사업총괄   이진호

발행처   샘솟는기쁨
주소   서울시 중구 수표로2길 9 예림빌딩 402 (04554)
대표전화   02-517-2045
팩스(주문)   02-517-5125
홈페이지   https://blog.naver.com/feelwithcom
전자우편   atfeel@hanmail.net

편집   박관용 권지연
디자인   트리니티
제작   아이캔
물류   신영북스

ⓒ 박양규, 2025
979-11-92794-56-3 (03190)

The Book of Daniel

다니엘 수업

대영박물관에서 다니엘 읽기

박양규 지음

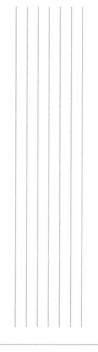

샘솟는기쁨

다니엘을 만나자,
새로이 시작해 보자!

　기독교란 무엇인가? 무엇이어야 하는가? 이 시대에 던져야 할 질문이다. 기독교는 세계 3대 종교이고, 가톨릭, 불교와 함께 우리나라 주류 종교다. 이렇게 '종교'라는 관점으로 질문을 던질 때 한국 교회는 '성장'이라는 양적 측면이 주된 관심사였다. 기독교의 신뢰도가 곤두박질치고, 교회가 외면을 받는 지금, 반드시 이 질문을 던져야 한다. 기독교란 무엇이며 어떠해야 하는가. 이 책은 대영박물관이라는 탄탄한 자료를 토대로 탁월한 인문학적 고민으로 한국 교회에 나아갈 지침을 제공한다. 이 책은 시대의 질문이며, 한국 교회가 나아가야 할 방향을 제시한다. **송태근 | 삼일교회 담임목사**

　역사를 공부하려면 문헌 연구, 유물 분석, 현장 답사 등 다양한 방법을 통해 유적을 고고학적으로 연구하는 과정이 필요하다. 나는 성경 연구도 이와 다르지 않다고 생각한다. 그러나 성경 연구의 영역에

서는 이러한 다양한 연구 활동을 찾아보기 어렵다. 대신 '성경대로 믿는다'는 신념의 반복만이 두드러질 뿐이다. 내가 쓰고 싶었던 책을 박양규 목사의 이름으로 마주하게 되었다. 박물관에서 성경 읽기, 대영박물관 역사성으로 다니엘 읽기는 한국 교회의 성경 읽기가 가진 부족한 점을 어떻게 보완할 수 있는지를 입체적이고 실질적으로 보여 준다. 대영박물관을 비롯한 여러 박물관의 소장품을 적절히 활용하며, 문학과 회화 등 다양한 예술 작품을 성경 읽기에 접목시킨다. 무엇보다 저자의 안내를 따라가다 보면, 오래전 기록된 성경이 오늘날 우리에게 어떤 메시지를 전하는지 들을 수 있는 안목이 열린다. 역사관이 훼손되고 역사 인식이 점점 흐려지는 시대를 살아가는 지금, 우리도 저자와 함께 성경을 역사 속에서, 살아 있는 역사로 읽어 보려는 시도를 해야 하지 않을까. **김동문 | 선교사, 중동연구자**

저자 박양규 목사의 『다니엘 수업』은 다니엘의 역사성과 실존성을 고고학 유물을 통해 매우 흥미롭게 실증한다. 주전 7~6세기 하나님 나라의 도구로 공의와 정의를 행하고 가난한 자에게 긍휼을 베풀며 살았던 다니엘의 삶은 무사유, 반지성주의의 폭력성이 빚어낸 차별과 혐오의 시대를 살아가는 그리스도인들에게 하나님께서 원하시는 것이 무엇인지를 선명하게 깨닫게 한다. **김태균 | 〈암수살인〉〈마녀〉 영화감독**

성경은 역사적 사실과 그에 기반한 신앙고백을 담고 있다. 그런데 교회에서 듣는 성경 속 이야기들은 그리스-로마 신화의 어느 한 대목처럼 비유와 허구로 들리기 십상이다. 그러다 보니 세계사가 하나로 꿰어지지 않고 역사의식과 세계관도 저마다 다르다. 저자는 하나님 나라의 가치와 열망을 밀쳐 버린 인간의 타락과 부패를 하나님에 대한 도전으로 규정한다. 하나님에게서 선택받은 이스라엘이 하나님으로부터 숱한 심판을 받은 것도, 외양으로만 그럴듯하게 성전과 성직자와 율법 등을 갖추었지 일상 속에서 이미 이민족 우상숭배에 동화되어 하나님 나라의 가치를 잃었기 때문이라 지적한다. 그렇다면 욕망에 더럽혀진 인간의 도전에 맞서 역사를 지켜 내려는 하나님의 응전은 냉엄한 징벌과 저주뿐일까? 하나님의 응전은 치유와 회복을 위해 새로운 길을 열어 주시는 것이었다고 고백하는 저자로부터 큰 감동과 함께 용기를 얻는다.

이미 여러 저서를 통해 문화, 예술, 역사 지식을 토대로 질식사해 가는 기독교 교육에 심폐소생술을 감당해 온 저자의 이번 저서 『다니엘 수업』에서 권력의 불의와 타락에 맞서는 도전과 투쟁의 인물, 다니엘을 만나 보자. 새로이 시작해 보자. **변상욱 | 전 CBS 대기자, 한국기독교언론포럼 공동대표**

이 책을 펴는 순간, 대영박물관 입구에서 오디오북을 받아 들고 저자의 설명을 들으며 걷는 느낌을 받을 것이다. 그리고는 성경 속 다니엘이 살아 냈던 시대의 현실이 어떻게 역사가 되었는지, 그 역사가 다시 현재를 살아가는 우리에게 어떤 의미를 주는지 알 수 있게 될 것이다. 이 책은 한편 이스라엘이 아시리아와 바벨론에 패망하고, 페르시아에 압제당하는 모습을 대영박물관에 존재하는 역사적 유물들을 통해 생생하게 보여 주지만, 한편 그 가운데 역사를 주관하시는 하나님을 확연히 보여 주는 책이다. 저자의 신구약 성경적 지식은 물론 중세와 근대 교회사(敎會史), 근대 문학에까지 아우르는 해박함에 쉴 틈 없

이 몰입해서 읽을 수 있다. 패망한 이스라엘의 다니엘은 역사적 현실 앞에서 세상을 바꾸려고 몸부림쳤을까? 어떠한 생각을 가졌을까? 그에 대한 답은 이 책을 닫는 순간 알 수 있을 것이다. **부종식 | 법무법인 라움 대표변호사**

『나니아 연대기』의 옷장을 여는 듯했다. C. S. 루이스가 루시를 나니아로 이끌었던 것처럼, 박양규 목사님의 『다니엘 수업』은 나를 대영박물관 55관 네부카드네자르(느부갓네살)의 벽돌을 통해 성경 속 다니엘을 만나게 해 주었다.

이 책은 단순히 다니엘서를 해석하는 데서 끝나지 않는다. 다니엘이 살았던 시대, 바벨론이라는 제국, 그리고 하나님이 역사 속에서 어떻게 일하셨는지를 입체적으로 조명한다. 성경이 단절된 신화가 아니라, 하나님의 계획 속에서 이어지는 하나의 흐름이라는 사실을 다시금 깨닫게 해 준다. 마치 나니아에서 아슬란을 만난 루시처럼 이 책과 함께 나는 바벨론 속의 다니엘과 그와 함께하신 하나님을 만났다. 하나님은 다니엘과 함께하셨고, 오늘날에도 여전히 우리의 역사 속에서 살아 계신다. 『다니엘 수업』은 성경을 신화가 아닌, 살아 있는 하나님의 말씀으로 다시금 마주하게 해 주는 책이다.

특히 외경 다니엘 13장의 수산나 사건을 통해 오늘날 크리스천이 어떻게 살아야 하는지에 대해 경종을 울린다. 세상을 변화시키자는 구호에만 그치는 믿음이 아니라 주위에 가난하고 소외된 자들을 돕고 사랑을 실천하며, 성경을 입체적으로 바라보고 행동하는 신앙인으로 살아가길 소망하는 이들에게 강력히 추천하고 싶은 책이다. **윤혜식 | 투마일스 대표, 클라우드 전문가**

다니엘은 한국 교회 성도들이 가장 사랑하는 성경 인물 중 한 사람이다. 기독교 서점을 잠시 둘러보아도 다니엘의 이름이 들어간 책들을 쉽게 찾을 수 있다. 그러나 우리가 다니엘을 바라보는 관점은 흔히 전형적인 '고지론' 시각에 머물러 있다. 말과 문화가 낯선 이방 나라에서 오랜 세월 여러 왕을 섬기며 영향력을 발휘했던 그의 모습은, 우리 자녀들이 닮았으면 하는 이상적인 모습과 겹쳐 보이기 때문이다. 그러나 이 책을 통해 우리는 우리 마음대로 상상해 온 이상적인 인물이 아니라, 율법에 따라 부정한 사람이 되었음에도 하나님의 은혜와 섭리 가운데 쓰임받았던 사람, 높은 자리에 오르기만을 탐한 것이 아니라 정의와 공의를 실천하며 가난한 자들에게 자비를 베풀었던 참된 하나님의 사람을 만나게 된다. 역사와 문학, 그리고 미술을 비롯한 문화 전반에 정통한 도슨트(Docent)와 함께하는 대영박물관 여행을 통해 살아 숨쉬는 성경 이야기를 배울 수 있는 이 귀한 책을 모든 그리스도인에게 기쁨으로 추천한다. **이수인 | 아신대학교 기독교교육학과 미디어학과 교수**

흔치 않을 책이다. 누구나 쿨하고 즐겁고 편안하고 행복하게, 역사의 현장을 여행하듯 읽게 될 것이고, 읽다 보면 설레고 고개를 끄덕이게 될 것이다. 저자가 익숙했던 성경 속 장면을 보여 주되 우리가 상상하고 설레고 품을 수 있도록 '생각의 틈'을 만들어 주기 때문이다. 그래서 읽을수록 유쾌한 사고의 전환을 하게 되고 직접 읽는 것만큼 설득력이 센 것은 없다는 걸 실감한다.

『다니엘 수업』은 흥미진진하다. 저자가 이야기와 그림과 사진을 자유롭게 넘나들며 펼쳐 내는 다니엘의 인생을 따라가다 보면, 하나의 거스를 수 없는 크고 거센 흐름이 가슴속으로 밀려온다는 느낌을 받는다. 저자는 다니엘과 그가 살았던 시대의 모습을 지면 가득 펼쳐 보여 주며, 우리가 막연하게 알았던 하나님의 사람 다니엘과 그가 치열하게 살았던 역사의 현장을 직접 대면하도록 도와준다.

『다니엘 수업』을 읽다 보면 세상이 얼마나 아슬아슬한 곳인지 깨닫게 된다. 역사의 흐름은 예측하지 못한 때 아무도 생각하지 못한 방식으로 바뀌어 왔다. 그것이 경이로운 결과를 낳기도 하지만 비극을 불러오기도 했다. 그래서 역사의 흐름은 불공정하고 지지부진하게 보이나, 저자는 그런 불완전함이 오히려 하나님의 섭리를 보여 주는 증거라는 것을 곳곳에서 확인시켜 준다.

이스라엘이라는 작은 땅에서 태어나 제국 바빌로니아에서 생을 마친 다니엘의 숨결이 페이지마다 가득하다. 저자가 펼쳐 내는 이야기는 놀랍고 흥미롭고 뭉클하고 때론 애잔하다. 작가가 풀어내는 놀라운 이야기를 통해 우리는 다니엘을 만날 수 있다. 미소 띤 얼굴에 행복한 웃음을 가득 머금은 채. 우리가 모두 기다리던 책이다. 이 책을 기쁜 마음으로 추천한다. **이정일 | 목사, 문학연구공간 상상 대표, 『소설 읽는 그리스도인』 저자**

오늘, 다니엘서는
무엇을 말하는가

『다니엘 수업』을 시작하며 질문합니다. 다니엘서의 핵심 주제는 무엇일까요? 다니엘서는 다니엘이 바벨론 총리가 되고, 그 누구보다 지혜로운 인물이 되었다는 '축복'이 핵심 주제일까요? 익숙해 보이는 이 질문은 우리의 약점과 관련이 있고, 기독교의 미래와 연결되어 있습니다. 분명 다니엘이 지혜를 얻고 권력의 정점까지 오른 것은 팩트입니다. 그는 믿음을 지키기 위해 뜻을 정했고(단 1:8), 열심히 기도했습니다(단 6:10). 이것을 본받으면 누구든지 그런 지위와 지혜를 얻는다고 다니엘은 말하는 걸까요?

다니엘의 신앙과 축복을 인과관계로 삼는 방식은 우리에게 익숙합니다. 이런 까닭에 다니엘은 선망의 대상이었으며, 현대인의 꿈을 실현하기 위한 축복의 대표격이 되었습니다. '다니엘'이라는 명칭 사용 용례를 보면 더 명확해집니다. '다니엘'의 연관 검색어에 호응을 이루는 키워드들은 대개 기도회, 학습법, 믿음, 성공 등이었습니다. 이것이 다니엘 이야기의 핵심이라면 다니엘서는 성공과 진학을 염원하는 사람들에게 일종의 '간증'이어야 할 겁니다.

그렇다면 왜 다니엘과 동시대를 살았던 다른 성경 인물에겐 번번한 '간증거리'가 없을까요? 하박국, 예레미야, 에스겔 같은 인물에게는 '하박국 기도회', '에스겔 학습법' 같은 키워드를 연관 짓지 않습니다. 이들이 다니엘의 믿음에 한참 미치지 못했던 걸까요?

다니엘이 살았던 고대 세계는 신들의 시대였습니다. 자연과 만물의 이치는 물론, 전쟁의 승패까지 신들이 좌우한다고 믿었습니다. 자연재해는 신의 진노라고 생각했고, 전쟁은 신의 영역이었으므로 신탁(神託)을 받아야 했습니다. 풍요를 얻으면 신에게 감사 제사를 지냈고, 전쟁에서 승리하면 전리품을 신전에 바치는 것이 당연한 수순이었습니다.

이런 고대 세계의 세계관이 오늘날에도 교차하는 지점이 보입니다. 서구 사회가 제3세계보다 부유하고 발전한 배경을 기독교에 두는 도식이 그렇습니다. 한편 이런 도식은 치명적인 논리를 내포합니다. 제3세계에서 지진이 발생하고, 아프리카에 기근이 만연하고, 동남아시아에서 홍수와 쓰나미로 수많은 사람이 목숨을 잃는 것을 '우상'이라는 말로 치부하는 겁니다.

역사가 증언하기를, 기독교 중심의 서구 사회가 우위를 점하게 된 시점은 르네상스 이후에 불과합니다. 약소국 영토에서 '땅 밟기'라는 명분으로 전리품을 취하고, 그 땅을 진공 상태로 만든 후 십자가를 꽂는 행위를 '축복', '복음화'라고 인식하는 것은 고대 시대의 신전에 봉헌하는 행위와 본질적으로 다르지 않습니다. 이것이 제국주의 기독교의 기초 토대일 겁니다.

이처럼 축복을 추구하고, 다니엘을 축복의 대표 격으로 여기는 인식에 담긴 치명적인 약점은 자연재해나 질병, 고난을 신의 징벌로 인식한다는 점입니다. 이러한 인식은 기독교의 미래가 좌우될 만큼 중요합니다. '야훼' 하나님을 우리 스스로 무속 신앙의 층위로 내리는 행위이기 때문입니다. 이런 인식으로부터 현대 기독교의 하나님이 '야훼'가 아니라 '맘몬'의 실체로 드러난다는 것을 부인할 수 없습니다. 교회를 바라보는 인식도 그리 다르지 않습니다.

『다니엘 수업』에서 눈여겨봐야 하는 것은 결코 다니엘의 '전리품'이어서는 안 될 겁니다. 먼저 하나님이 다니엘을 바벨론 제국으로 왜 보내셨는가에 주목해야 합니다. 측량할 수 없는 그 계획의 경이로움, 하나님의 섬세한 손길을 보면 다니엘이 얻은 한 줌의 권력과 지식은 편린(片鱗)에 지나지 않습니다. 바벨론에서 살아온 다니엘의 이야기는 예레미야의 눈물과 닿아 있고, 에스겔의 환상과 연결되며, 하박국의 절규와 공명합니다.

우리가 역사적 유물을 보고, 만지고, 고민해야 하는 이유는 무엇일까요? 『다니엘 수업』의 최종 목적지는 어디일까요? 우리의 하나님이 야훼인지 우상의 한 형태인지 구분하는 겁니다. 내재된 욕망을 실현해 주기를 원하는 존재가 하나님이라면 바벨론의 주신(主神)이었던 태양신 마르둑(Marduk)과 무엇이 다를까요? 본질적으로 다르지 않아 보입니다. 그럼에도 이런 방식으로 다니엘의 믿음과 기도를 본받아서 진학과 성공을 목표로 무릎 꿇고 기도한다면, 바벨론 신상 앞에 무릎 꿇고 절하던 그때 사람들과 다르지 않습니다.

『다니엘 수업』의 '수업'은 단순히 역사적인 자료를 보고 즐기는 피상적인 접근을 지양합니다. 성경의 재미를 충족시키는 지적 가벼움을 기대한다면 오산입니다. 전작 『중간사 수업』에서 신구약 중간사의 공백을 '유대 문헌으로 보는' 방식으로 채우려 했다면, 이번 『다니엘 수업』은 '대영박물관에서 보는' 방식으로 다니엘서의 역사성을 확보하기 위해 집필되었습니다. 치열하게 기독교의 본질을 향하고, 역사성 위에 현실성을 접목하는 그림과 문학을 통해 다니엘서의 메시지를 통찰하고자 했습니다.

다니엘서는 구약 성경 중에서도 '그리스도'의 그림자가 자주 나타납니다. 하나님의 아들이 풀무 불 속에서 그의 백성과 함께하는 모습이나, '인자'로서의 존재가 등장하는 것을 볼 수 있습니다. 이런 그리스도의 흔적은 시각적으로 보이는 데 그치지 않고, 시대를 지나며 관습과 인식을 초월한 파격적인 방식으로 드러났습니다. 다니엘 시대는 물론, 신약 시대의 유대 사회에도 예수께서는 파격적이었습니다. 초대교회 성도들이 로마 제국에서 남긴 평판만 보아도 그렇습니다. 그리스도의 '스티그마'가 그러하듯, 다니엘서의 그리스도 형상도 박제된 것이 아니라는 점을 이 책이 전할 겁니다.

다니엘의 이야기가 오늘의 현실과 어떻게 이어지는 걸까요? 다니엘이 살던 시기는 가장 발달된 바벨론 문명이 존재했고, 이어서 페르시아 그리스 로마 등 전무후무한 제국들이 등장하는 시대였습니다. 그런 시기에 하나님이 자신의 흔적을 드러내셨다면, 빅데이터와 인공지능 시대에도 하나님은 반드시 오늘의 '다니엘'들을 일으키시리라 확신합니다. 이 책이 추구하는 소임입니다.

이 목표를 위해 동역자가 되어 주신 샘솟는기쁨 출판사에 감사의 마음을 전합니다. 이 책이 나오기까지 다니엘과 관련된 여러 콘텐츠를 깊이 응원해 주신 교회교육연구소 구독자분들에게도 진심으로 고마움을 전합니다. 어린 세대를 세우는 사역을 위해 잊지 않고 기도해 주시는 분들과 삼일교회 성도들의 이름을 마음에 깊이 새깁니다. 그리고 무엇보다 광야에서 인고의 시간을 함께하는 가족에게 진심으로 미안함과 고마움을 전합니다.

저자 박양규

일러두기

- 이 책은 다니엘서의 역사성과 현실성을 토대로 삶의 영역으로 나아가는 것을 목표로 한다.
- 부록1 〈한눈에 보는 성경 연대표〉는 점선을 따라 절취하여 성경에 끼워 사용하도록 제작했다. 성경을 읽을 때 해당 시대를 조망한다면 시대정신을 좀 더 선명하게 볼 수 있다.
- 대영박물관에서 발행한 고고학 자료들, Day One에서 발행한 Clive Anderson & Brian Edwards의 『Through the British Museum with the Bible』, 이종수의 『대영박물관에서 만나는 성경의 세계』를 주요 참고 자료로 사용했다. 이런 책들이 뼈와 살이라면, 관련된 예술과 문학은 심장을 뛰게 하는 감정 기능을 담당한다.

연대	유다 (다니엘 등)	바벨론	페르시아	애굽
605	•바벨론 1차 침공 *다니엘	ㄴ부갓네살(605) •정복 전쟁		애굽 26왕조 •갈그미스 전투
597	여호야긴(3개월) •바벨론 2차 침공 *에스겔			프삼메티쿠스 2세 (593~589)
586	시드기야 *예레미야, 오바댜 남유다 멸망	이멜마르둑(562~560) 네리글리살(560~556)		아프리스(589~570) •Hophrah
556		라바시마르둑(556) 나보니두스(556~539) •벨사살 섭정		아마시스(570~525) •Amose
539	•1차 포로 귀환(538)	바벨론 멸망	•고레스 칙령(539) 예 11:1-4 •이집트 정복(525) 캄비세스(530~522)	
536			페르시아	
522	슬로밧벨 성전 공사 재개 제2성전 건축(516) / 말라기 활동(?) 학개, 스가랴(522)		다리오 1세(522~486) •페르시아 정점	
480	에스더 (480 이후)		크세르크세스(486~465) •아하수에로	
458	에스라 •2차 포로 귀환		아닥사스다 1세(465~425) •아닥수에로	
445	느헤미야 •3차 포로 귀환 성벽 재건		크세르크세스 2세(432) 다리오 2세(424~404)	
424				
404	ㄴ종족으로 파견(434, 12년간 재임) 말라기 활동(396?)		아닥사스다 2세(404~359) •조로아스터교 보급 아닥사스다 3세(359~338)	

연도	북이스라엘	남유다	아람(시리아)	앗시리아	이집트
1050		사울 즉위 삼상 13:1 *사무엘상			
1010		다윗 즉위 삼하 5:4 *사무엘하, 시편			
970		솔로몬 즉위 대하 9:30 *잠언, 전도서, 아가	르손(970) 왕상 11:23-25		시어문 •솔로몬과 정략 결혼
930	여로보암 1세	르호보암			시삭 •예루살렘 침공 왕상 14:25
913		아비야	하시온(920) 왕상 15:18		
910	나답				
909	바아사				
908	엘라	아사	벤하닷 1세(900) 왕상 15:19 •이스라엘 공격		
887	시므리(1주일)				
885	오므리			아슈르나시팔(883) •영토 확장	
874	아합				
870	•엘리야, 엘리사	여호사밧	벤하닷 2세(860) •아합과 전쟁(2회) 왕상 22장		
853	아하시야				
850	요람	여호람(1주일)		살만에셀 3세(859) •아합, 예후 조공	
848		아하시야			
841	예후 •아시리아 조공	아달랴	하사엘(841) 왕상 19:15-18 왕하 8:28-29		
835		요아스 *요엘		삼시아닷 5세(824~811)	
814	여호아하스			아닷 니라리(810) •아람 하사엘 제압	
798	여호아스		벤하닷 3세(806)		

한눈에 보는 성경 역사

이 표는 브라이언 에즈위드의 『Through the British Museum with the Bible』을 토대로 정리했습니다. 표에 제시된 연도가 절대적인 것은 아니지만, 성경을 입체적으로 볼 수 있는 눈을 열어 주는 데에는 충분합니다. 이스라엘 역사를 중심으로 겹치는 이웃 국가들을 표시했고, 나라별 기원과 멸망은 생략했습니다. 성경을 볼 때 사전을 이용하듯 자주 참고하며 맥락을 잡기를 바랍니다. 그런 순간이 쌓여 각 성경 시대에 대해 우리의 시선을 갖게 될 겁니다.

연대(BC)	이스라엘 역사	이웃 국가들	
		메소포타미아 문명	이집트 문명
2166	아브라함 출생		
2091	아브라함이 하란을 떠남 창 12:4		케티 2세
2066	이삭 출생 창 21:5	길가메시 서사시(21세기)	•아브라함 애굽 방문
2006	야곱 출생 창 25:26	우르남무 법전 제작(21세기)	
1915	요셉 출생 창 30:24		
1898	요셉이 이집트에 팔려 감 창 37:2		세소스트리스 3세 •요셉 총리 당시
1876	야곱이 이집트로 이주 창 47:9	아모리인 바빌로니아 왕국 건립(1830) 함무라비 법전(18세기)	아멘호텝
1526	모세 출생 출 2:2		투트모시스 3세
1446	출애굽 출 12:41		
1406	모세 사망, 가나안 정복 신 34:7 *모세오경		아마르나 이단 왕들
1399	갈렙의 전투 수 14:10		
1350	여호수아 사망 수 24:29 *사사기	블레셋 정착(약 1190)	

연도	북이스라엘	남유다	앗수르	앗수르/바벨론
796		아마샤	왕하 13:25	
782	여로보암 2세 *호세아, 요나		이수르 단 3세(773)	앗수르 단 4세(782)
767		웃시야		이수르 단 3세(773)
753	스가랴		이수르 니느웨(754)	이수르 니느웨(754)
752	살룸 / 므나헴	*아모스, 이사야(681까지)		
751			은신(750) 왕하16:6~7	디글랏빌레셀(744) *아람 침공 왕하17:1
742	브가히야	요담 *미가(700까지)		
737	베가			살만에셀 5세(727~705) 왕하17:3~6 사20:1
735		아하스	소(734) 왕하17:4	
732	호세아		시리아 멸망(732)	산헤립(704~681) *예루살렘 침공
722	북이스라엘 멸망		바벨론	
716		히스기야(728~686)		디르하가(664) *신헤림 공격 왕하19:9
687				에살핫돈(680) *사마리아 혼합 정책
642		므낫세(697~642)		앗수르바니팔(669~631) *도서관 건립
640		아몬(642~640)		신아시리아(627~612)
		요시야(640~609, 개혁 621) *나훔, 스바냐 / 예레미야 사역(626)		나보폴라사르(626) *이사리아 침공
609		여호아하스(3개월) *하박국 / 여호야김(609~597)		디르하가(664) / 프삼마티쿠스(664~610) / 아시리아 멸망(612) *바벨론-메디아 연합 / 바로느고(610) *므깃도 전투

여호야긴 2세

옷수르으닷 2세

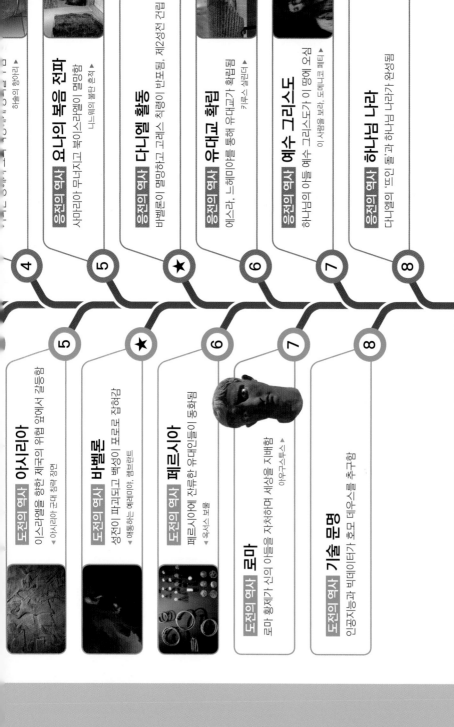

하슬의 항아리

4

구원의 역사 요나의 복음 전파

사마리아 무너지고 북이스라엘이 멸망함

니느웨의 불탄 흔적 ▲

5

구원의 역사 다니엘 활동

바벨론이 멸망하고 고레스 칙령이 반포됨, 제2성전 건립

★

구원의 역사 유대교 확립

에스라, 느헤미야를 통해 유대교가 확립됨

키루스 실린더 ▲

6

구원의 역사 예수 그리스도

하나님의 아들 예수 그리스도가 이 땅에 오심

▲ 메트로폴리탄에 있는 '세 사람을 보라, 네트로

7

구원의 역사 하나님 나라

다니엘이 '뜨인 돌'과 하나님 나라가 완성됨

8

5

도전의 역사 아시리아

이스라엘을 향한 제국의 위협 앞에서 갈등함

▲ 아시리아 군대 침략 장면

6

도전의 역사 바벨론

성전이 파괴되고 백성이 포로로 잡혀감

▲ 애통하는 예레미야, 렘브란트

★

도전의 역사 페르시아

페르시아에 잔류한 유대인들이 동화됨

▲ 옥서스 보물

7

도전의 역사 로마

로마 황제가 신의 아들을 자처하며 세상을 지배함

아우구스투스 ▲

8

도전의 역사 기술 문명

인공지능과 빅데이터가 호모 데우스를 추구함

한눈에 보는 다니엘 마인드맵

도전과 응전의 역사

① 응전의 역사 홍수 심판
노아를 통해 하나님이 백성을 세우심
▲ 홍수 설화

② 응전의 역사 아브라함 선택
아브라함, 이삭, 야곱, 요셉으로 은혜가 이어짐
▲ 메소포타미아 시절 고대관료
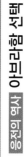

③ 응전의 역사 출애굽
모세를 택하여 이스라엘을 이집트에서 구출하심
▲ 모세와 십계명, 렘브란트

응전의 역사 사사 시대
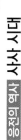

① 도전의 역사 창조 후 타락
하나님의 백성이 세상에 동화됨
▲ 메소포타미아 선악과

② 도전의 역사 바벨탑
흩어짐을 면하기 위해 탑을 쌓음
▲ 바벨탑, 피테르 브뤼헐

③ 도전의 역사 이집트
요셉 이후 이집트에 동화됨
▲ 람세스 파라오

④ 도전의 역사 가나안
가나안에 들어가 구별과 동화 사이에서 갈등함
▲ 아마르나 문자

차
례

그물코시선

대영박물관에서
다니엘 읽기

먼저 다니엘서를 다루는 기본 태도를 짚어 보고, 부록을 통해 전체 성경의 역사와 다니엘의 흐름을 정리해 봅니다. 특히 성경 역사의 흐름을 시대마다 단절된 것이 아니라 하나님을 향한 세상의 '도전'과 하나님 자신의 '응전' 구도로 나누었는데, 이는 역사학자 아놀드 토인비(Arnold J. Toynbee)가 역사를 대하는 시선을 참고했습니다. 고대 여러 제국들이 하나님을 향해 어떻게 도전했고, 그에 대해 하나님은 어떻게 응전하셨는지 한눈에 파악할 수 있을 겁니다.

이 관점으로 Part 1부터 Part 3까지 나아가는데, Part 3에서 실존했던 다니엘을 만나는 것을 최종 목표로 삼고 있습니다. 그곳으로 나아가기 위해 전체 내용을 나선형 구조로 좁혀 갈 텐데, Part 3이 다니엘을 만나는 부분이라면, Part 2는 다니엘이 속한 바벨론에 관하여, Part 1은 바벨론의 시대가 오기까지에 관하여 다루는 것으로 한정하고자 합니다.

Part 1에서는 이스라엘의 역사적 의미와 그로부터 파생되는 도전, 우상의 문제, 우상숭배의 현실적인 개념은 물론 '이스라엘'의 의미까지 우리 현실에 접목하고자 했습니다.

Part 2에서는 과연 바벨론이 그 시대에 어떤 의미를 가졌으며, 포로로 잡혀간 이스라엘 백성들에게는 어떻게 비춰졌을지 살펴보려고 합니다.

Part 3에서는 다니엘이 어떤 인물인지, 왜 본국으로 돌아가지 못했는지, 다니엘을 통해 하나님은 무엇을 드러내려고 하셨는지 고민했습니다. 우리를 통해 이 땅에 드러내려는 하나님의 진심을 이해할 수 있습니다.

많은 그리스도인이 그렇듯 성경은 저의 인생 책입니다. 그렇지만 허구의 교훈 정도가 아닐까 하는 의혹이 들 때도 있었습니다. 현실은 발등에 떨어진 불 끄기에 바쁜데, 성경은 현실에서 동떨어진 이야기를 하는 것만 같았습니다.

신학을 공부하면서 신학자 중 상당수가 성경의 역사성을 부인하는 것을 알게 되었습니다. 그리스-로마 신화를 연구하는 학자들이 제우스나 아르테미스의 실존을 믿지 않는 것처럼, 구약 성경을 신화로 전제하는 설교 태도를 보기도 했습니다. 그런데 만일 기독교 신앙에서 역사성을 제거한다면 기독교는 사상누각(沙上樓閣)이었을 겁니다. 창조, 부활, 동정녀 탄생, 재림 등이 그저 교훈을 위한 장치에 불과했다면 기독교는 어떻게 이어져 왔을까요?

다니엘은 신학자들이 역사성을 간과하는 대표적 인물입니다. 다니엘이 내면의 소원을 이루기 위해 설교에 소환된 문학적 수사이거나 욕망의 페르소나일 뿐이라면, 허구의 인물이어도 그다지 상관없을 겁니다. 실제로 다니엘을 가리켜 주전 2세기 마카비 시대에 '고안된' 허구의 인물이라는 신학자가 꽤 많습니다. 하지만 주전 2세기에 '기록된' 다니엘을 주전 6세기 바벨론의 고고학 유물이 증명하고, 주후 1세기 유대 역사가 요세푸스(Josephus)도 그에게 역사성을 부여합니다.

18세기까지 허구로 여겼던 구약의 기록들이 19세기부터 고고학 유물이 새롭게 발굴되면서 종전의 입장을 수정하는 사례들이 늘고 있습니다. 또 요세푸스가 로마 제국의 등장을 보며 다니엘의 예언과 역사성에 놀랐다는 기록이 있습니다. 다니엘의 역사성은 충분히 신뢰할 만합니다. 유물이 출토될수록 역사성은 더욱 높아질 겁니다.

구약 성경에 언급된 다니엘은 대략 주전 7~6세기에 활동했는데, 동시대 지중해 건너편 그리스에서는 우화의 대명사 이솝(Aesop)이 활동했습니다. 역사성을 배제한 채 소년 다니엘의 이야기에서 교훈을 얻고자 한다면, 이솝의 우화 〈양치기 소년〉을 보는 것이 효과적일지도 모릅니다. 다니엘의 세 친구 이야기가 〈아기 돼지 삼 형제〉와 근본적으로 다른 이유는 역사성에 있습니다. 바로 그 다니엘이 본 환상이 예수 시대를 넘어 현실의 영역으로 이어지고 있습니다. 믿음은 하나님의 선물입니다(엡 2:8). 그 믿음에 다가가기를 바랍니다.

대영박물관은 세계에서 가장 큰 박물관 중 하나입니다. 성경의 역

대영박물관

사성을 확인할 수 있는 전시물이 무척
많습니다. 4관 이집트관, 6관 아시리아
관, 52관 페르시아관, 55관 바벨론관,
56관 메소포타미아관 등에서 성경 관련
역사, 지명, 사건을 입체적으로 확인할
수 있고, 성경 인물들을 재구성해 볼 수
있습니다. 성경을 입체적으로 볼 수 있
다면, 성경의 진의에 한 걸음 더 나아갈
수 있습니다.

바벨론 시대 벽돌, 55관

　55관 바벨론 전시관에 들어서면 우리에게 익숙한 단어가 많이 보
입니다. 바벨론, 아시리아(앗수르), 바벨탑, 니느웨 등과 같은 친숙한 명
칭들입니다. 이곳의 전시물들을 보면 발걸음을 멈추게 되고, 머릿속
성경 이야기들이 살아 움직이게 됩니다.

　55관에는 흥미로운 돌덩이, 벽돌이 있습니다. 사진에 보이듯이 '네
부카드네자르(Nebuchadnezzar)'라고 새겨 있습니다. 그가 바로 성경에
언급된 바벨론의 왕, 느부갓네살입니다. 이 유물을 처음 본 순간을 기
억합니다. 말로만 듣던 빙하 속 매머드를 실제로 목격한 기분이었습
니다. 그 이름은 성경에 이렇게 기록되어 있습니다.

　　유다 왕 여호야김이 다스린 지 삼 년이 되는 해에 바벨론 왕 느부갓네
　　살이 예루살렘에 이르러 성을 에워쌌더니 단 1:1

　이렇게 우리는 전시물을 통해 성경 이야기 속으로 들어갈 수 있습
니다. 이것이 성경의 역사성입니다. 이제 얼음 속 매머드를 보는 것에

만족하지 말고, 손으로 만지기 위해 조금 더 팔을 뻗어야 합니다. 그럴 때 역사성 너머 현실에 한 걸음 더 다가갈 수 있습니다.

다니엘은 친숙한 이름입니다. 유년기에 "나의 사랑하는 책 비록 해어졌으나"라는 찬송(199장)을 부르며, "옛날 용맹스럽던 다니엘의 경험과"라는 가사에서 그를 자주 떠올렸습니다. "사자 굴에 갇혀 있던 다니엘"도 기억납니다. 또 청소년 시기에는 교회에서 통기타를 배우면 G코드 메들리 곡 중 빠지지 않던 〈그리 아니하실지라도〉가 있었고, A코드 〈무화과나무 잎이 마르고〉라는 곡이 있었습니다. 이런 곡들을 신나게 율동을 하면서 불렀습니다.

이 찬양들의 배경을 알았을 때 충격이었습니다. 다니엘과 하박국에게 미안한 마음이 들었습니다. 다니엘의 친구들이 풀무 불에 들어가던 상황이 〈그리 아니하실지라도〉의 배경이었고, 나라가 멸망하기 직전에 하박국이 느꼈던 절망적인 상황이 〈무화과나무 잎이 마르고〉라는 고백에 담겨 있었습니다.

우리는 다니엘서가 진정으로 말하고자 하는 바에 관심을 두어야 합니다. 다니엘의 시대적인 의미가 무엇인지 탐구하는 것보다 학습법, 기도회, 간증으로 대변되는 '축복과 응답'이 필요하다면, 다니엘은 램프의 요정 지니(Genie) 그 이상도, 그 이하도 아닐 겁니다. 본문의 의미보다 어떤 필요에 따라 성경을 대하는 우리의 일그러진 시선입니다.

이란에 다니엘의 무덤이 있다고 알려졌지만 바로 그 다니엘의 무덤인지 확인할 수 없습니다. 어떤 이들은 이라크, 튀르키예, 모로코, 심지어 우즈베키스탄에도 다니엘의 무덤이 있다고 주장합니다. 이런 다니엘 무덤들의 실체도 성경의 맥락보다 손에 잡히는 것을 선호하는 인간의 욕망에서 비롯된 사다리가 아닐까요?

과연 다니엘이 허구의 인물이라고 말할 수 있을까요? 다니엘과 관련된 기록이 실제 역사적 유물과 일치하며, 이런 요소들을 역사적으로 재구성하면 다니엘의 흔적을 손으로 만질 수 있습니다. 이런 노력으로 반지성주의의 얼음을 깨고 다니엘과 그가 살았던 시대를 만질 수 있게 되기를 희망합니다.

돌을 꺼내 주세요

플랑드르 지방은 오늘날 벨기에와 네덜란드 사이의 작은 지역입니다. 플랑드르 화가들은 독일, 이탈리아 화가들 못지않게 미술사에 큰 영향을 미쳤습니다. 히에로니무스 보스, 피테르 브뢰헬, 렘브란트, 루벤스, 빈센트 반 고흐 등이 대표적인 플랑드르 화가들입니다.

플랑드르는 다른 지역에 비해 문맹률이 낮고, 반지성주의를 벗어나려는 노력이 강했습니다. 개혁자 루터에게 영향을 준 인문학자 에라스뮈스(Erasmus)도 이 지역 출신입니다. 그래서인지 하이델베르크 교리문답(1563)이나 웨스트민스터 신앙고백문(1648)보다 먼저 종교개혁의 정신을 담은 〈벨직 신앙고백문〉(1561)이 이곳에서 만들어졌습니다. 북유럽 르네상스의 진원지가 이곳인 것도 우연이 아닐 겁니다.

플랑드르 화가 히에로니무스 보스(Hieronymus Bosch)의 작품 중에 〈돌 제거 수술〉이 있습니다. 그가 이 그림을 그렸던 시기는 중세 교회가 붕괴되고 종교개혁의 불꽃이 서서히 타오르는 시대였습니다. 플랑드르 지역에는 "머리에 돌멩이가 들었다"라는 속담이 있는데 이는 무지함을 상징합니다.

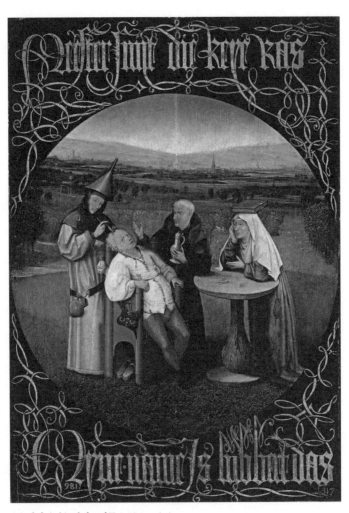

〈돌 제거 수술〉 히에로니무스 보스, 1494

우리도 머리와 돌을 연결하여 이와 비슷한 의미로 사용합니다. 다니엘의 팩트보다 '혜택'에 우리가 더 관심을 기울이는 이유는 축복을 탐닉하는 반지성주의라는 돌이 머릿속에 있기 때문인지도 모릅니다. 그래서 바벨론 시대를 보지 못하고 다니엘의 '성공'이 더 두드러지게 보이는 겁니다. 그림의 위, 아래에는 각각 이런 글이 새겨져 있습니다.

> 선생님, 돌을 빨리 꺼내 주세요(위).
> 내 이름은 뤼베르트 다스입니다(아래).

뤼베르트 다스(Lubbert Das)는 '게으르고 멍청한 사람'이라는 어원을 지닙니다. 그가 머리에서 돌을 제거하는 수술을 받고 있습니다. 당시 외과 수술은 이발사의 몫이었습니다. 수술을 받으면 뤼베르트 다스도 현명해질 수 있을까요? 이 시기에 화가들은 사물의 상징을 통해서 본심을 표현하곤 했습니다. 그때 상징으로 사용하는 사물을 '오브제(objet)'라고 합니다.

이 그림에서 허영, 허무함을 의미하는 오브제는 꽃입니다. 잠깐 피었다가 시드는 허망함, 어쩌면 돈, 황금을 상징할 수도 있습니다. 뤼베르트 다스는 수술비로 테이블에 꽃 한 송이를 놓았습니다. 이발사는 뤼베르트 다스의 머리에서 꽃을 빼내고 있습니다. 마치 머리에서 허영과 탐욕을 제거한다면 세상을 바로 볼 수 있다고 보스가 말하는 듯합니다. 만일 우리의 머리에서도 돌을 빼낸다면 다니엘서의 메시지를 제대로 볼 수 있을까요?

특히 눈길을 끄는 것은 뤼베르트 다스 옆의 두 성직자입니다. 한 성직자는 수술이 잘 끝나도록 성수를 뿌리는데, 진지합니다. 수녀는 수술이 잘 되기를 바라는 마음으로 머리에 성경책을 놓았습니다. 이 장면을 보니 다니엘의 이름으로 '열심'을 강요하는 설교가 떠오릅니다. 그렇게 성경을 올려놓고 열심히 행하기만 하면 성공을 이룰 수 있다고 외치는 모습이 연상됩니다. 그렇지만 두 성직자 모두 뤼베르트 다스 인물 자체에는 관심이 없습니다. 이들의 관심은 한 영혼이 아니라 종교적 정당성입니다. 지금 뤼베르트 다스는 관객을 바라보고 있습니다. 그는 무엇을 말하고 있을까요?

태정태세문단세

조선 시대의 왕들을 기억하기 위해, 오래전 '태정태세문단세'를 암기했습니다. 그런데 왕의 이름을 무작정 외운다고 해서 시대적 의미를 알 수는 없을 겁니다. '문단세'를 안다고 사육신, 생육신, 계유정난을 이해하는 것이 아니기 때문입니다. 역사는 과거와의 끊임없는 대화이기에 현실을 통찰하는 거울입니다. 이런 의미의 역사란, 태정태세문단세를 외우는 데 그치는 것이 아니라 그 시대를 조망하여 현실의 지표로 삼을 수 있어야 합니다.

신앙생활을 하다 보면 소위 '성경 파노라마'라는 것을 여러 번 접하게 됩니다. 창세기부터 요한계시록까지 이어서 배우고, 성경 일독이나 재독에 도전하기도 합니다. 그러다 아는 내용이 많아집니다. 당연히 바벨론 유수(幽囚), 포로 귀환, 제2성전 등에 대해 들어 봤을 겁니다. 그렇다면 그 시대는 어떤 시대였는지요? 아래 성경 인물들을 시대별로 분류할 수 있을까요?

에스라, 느헤미야, 에스더, 이사야, 예레미야, 에스겔, 다니엘, 호세아, 요엘, 아모스, 오바댜, 요나, 미가, 나훔, 하박국, 스바냐, 학개, 스가랴, 말라기

구약 성경 순서대로 위의 인물들을 나열해 보았습니다. 성경의 순서인 율법서, 역사서, 예언서, 시가서 등은 장르별 구분이며 시대별 분류는 아닙니다. 만일 위의 인물들을 장르별로 외운다고 하더라도 그 시대가 어떤 시대인지 모른다면 성경의 시대정신을 제대로 파악할 수 있을까요? 학개 선지자가 말하는 '성전'이 솔로몬 성전인지 스룹바벨 성전인지, 하박국과 에스더가 동시대인지 아닌지 구분되지 않는다면 어떻게 진의를 파악할까요?

히에로니무스 보스의 〈돌 제거 수술〉에서 떠올리는 인물은 『우신예찬』의 저자 에라스뮈스입니다. 보스가 반지성주의를 그림으로 표현했다면 에라스뮈스는 문학으로 풍자했습니다. 같은 시대를 다른 방식으로 표현했습니다. 에라스뮈스는 성경의 권위를 높이기 위해 1천 년이 된 라틴어 성경을 새롭게 번역하면서 오역을 교정했고, 그 노력이 루터의 종교개혁에 불을 지폈습니다. 그가 강의한 케임브리지대학교는 청교도 지도자들의 산실이 되었습니다. 시대의 오류와 미신, 잘못된 성경 해석에서 벗어나는 길은 성경에서 찾아야 합니다. 치열하게 고민할 때 머릿속의 돌이 빠질 수 있습니다.

팬데믹, 그리고 다니엘 디포

『다니엘 수업』은 팬데믹 시기에 시작되었습니다. 2020년 2월부터 코로나19로 인해 아무것도 할 수 없어서 성경의 역사성에 주목하며, '지금도' 살아 계시는 하나님을 바라보려고 애썼습니다. 비대면, 사회적 거리두기 등 생소한 현실 속에서 다니엘서 말씀을 붙잡으려던 열정을 지금도 잊을 수 없습니다. 결국 확진자 증가로 마무리하지 못했지만 이 책으로 그 약속을 지킬 수 있게 되었습니다.

다니엘을 생각하면 청교도 문학가 다니엘 디포(Daniel Defoe)가 떠오릅니다. 그가 태어났던 1660년대에는 흑사병이 창궐했습니다. 설상가상으로 흑사병에 이어 왕정복고가 일어나면서 청교도들이 영국에서 살아가기가 더더욱 어렵게 되었습니다. 수많은 청교도들이 삶의 터전을 버리고 황무지 신대륙으로 가야 했습니다.

다니엘 디포가 『로빈슨 크루소』를 썼던 시기는 영국 사회가 하나님으로부터 등을 돌린 때였습니다. 무인도에 갇혀서 20년간 표류하던 로빈슨 크루소가 성경을 통해 신앙을 회복하는 이야기는 동시대 영국인을 향한 다니엘 디포의 선포였습니다.

팬데믹 이후 교회가 세상의 빛이 되는 것이 아니라 세상이 교회를 걱정하는 시대가 되었습니다. 가나안 성도들이 급증했고, 교회는 '무인도'가 되어 가고 있습니다. 역사는 언제나 그렇듯 위기는 또 다른 기회로 이어집니다. 로빈슨 크루소는 무인도에서 성경을 읽으며 기도했고, 날짜를 표기해서 주일예배를 드렸습니다. 섬에서 만난 원시인 프라이데이에 대한 교육은 청교도 교육의 상징이며, 시대를 향한 디포의 설교였습니다. 위기를 기회로 만들라고 한 겁니다.

뭔가 비밀스러운 힘이 이 땅과 바다, 하늘과 생명체를 만든 것이 분명하다. 그건 누구인가? 자연스럽게 하나님께서 모든 것을 만드셨다는 생각이 들었다. 하나님이 모든 것을 만드셨다면 피조물들을 감독하고 다스리시는 것도 분명하다. 그렇다면 내가 이 무인도라는 비참한 상황에 처한 것도 하나님의 명령이라는 생각이 들었다.

"하나님이 내게 왜 이러시는 걸까? 내가 무슨 짓을 했기에 이런 대접을 받는가?"

그런 생각이 들자 나는 놀란 사람처럼 멍해졌다. 그때 배에서 옮겨 온 상자가 생각났다. 그 상자 안에는 내가 원하던 것들과 여러 책이 나왔다. 그때까지만 해도 성경책을 읽어 볼 시간도, 그럴 마음도 없었다. 나는 성경책을 가져와서 읽기 시작했다. 아무렇게나 책을 펼쳤는데 처음 눈에 띄는 글귀가 있었다.

"환난 날에 나를 부르라 내가 너를 건지리니 네가 나를 영화롭게 하리로다(시 50:15)."[1]

이것이 『다니엘 수업』에서 전하고자 하는 핵심 가치입니다. 다니엘을 새롭게 발견하면서 하나님을 영화롭게 하기를 소망합니다.

도전과 응전, 그리고 하나님 나라

영국 역사가 아놀드 토인비는 역사의 동력을 도전과 응전의 연속이라고 보았습니다. 적절한 표현입니다. 문명이 탄생하게 된 비결은 무엇일까요? 자연재해, 전쟁, 질병과 같은 도전이 있었고, 그것을 극복하는 응전의 과정이 문명을 꽃피운 연료였습니다. 기후나 생존 환경이 열악한 척박한 곳에서 찬란한 문명의 꽃을 피운 반면, 풍요롭고 안전한 곳이 오히려 발전이 더디게 된 것도 이런 구도의 반영일 겁니다.

성경의 역사를 단순히 '태정태세문단세' 방식으로 볼 수도 있겠지만, 도전과 응전의 형태로 본다면 하나님이 어떻게 역사 속에서 일하셨는지 볼 수 있습니다. 도전과 응전의 패턴에서 발견되는 동력은 현실을 이해하는 세계관으로 작용될 수 있습니다.

우리가 살펴볼 '도전'이란, 하나님의 자리를 밀어내고 스스로 하나님이 되려고 했던 세상의 움직임을 말합니다. '응전'이란, 그 세상의 도전에 맞서 하나님이 대응하신 흔적입니다. 도전과 응전의 결과가 역사에서 문명으로 나타났듯이, 성경에서는 하나님 나라로 나타났습니다. 하나님은 다니엘을 통해 하나님 나라의 '기준'을 보여 주셨고, 앞으로 우리는 그 구체적인 의미를 면밀히 따져볼 겁니다.

이 책의 제목이 『다니엘 수업』이지만 바벨론 시대부터가 아니라 아시리아 이전부터 시작하는 이유가 여기에 있습니다. 이 세상 역사는 여러 나라들의 흥망의 연속이지만 그 속을 실제로 들여다보면 바벨탑을 세워서 하나님 나라에 대항하는 세상 나라들의 도전이었고, 이에 대한 하나님의 응전이 이어져 왔습니다.

> 8구스가 또 니므롯을 낳았으니 그는 세상에 첫 용사라 9그가 여호와 앞에서 용감한 사냥꾼이 되었으므로 속담에 이르기를 아무는 여호와 앞에 니므롯 같이 용감한 사냥꾼이로다 하더라 10그의 나라는 시날 땅의 바벨과 에렉과 악갓과 갈레에서 시작되었으며 11그가 그 땅에서 앗수르로 나아가 니느웨와 르호보딜과 갈라와 12및 니느웨와 갈라 사

이의 레센을 건설하였으니 이는 큰 성읍이라 _{창 10:8~12}

이 구절에서 바벨탑을 세운 니므롯의 도전을 보게 됩니다. 그 바벨탑을 흩으신 후 아브라함을 선택하셔서 그의 백성들을 만들어 가신 것은 하나님의 응전이라 하겠습니다. 위에서 보면 니므롯은 아시리아가 기반이었고, 시날 땅의 바벨이 도전의 출발점입니다. 다니엘서가 이 연결고리를 밝히는 것은 도전이 계속됨을 말하고 있는 겁니다.

> 1유다 왕 여호야김이 다스린 지 삼 년이 되는 해에 바벨론 왕 느부갓네살이 예루살렘에 이르러 성을 에워쌌더니 2주께서 유다 왕 여호야김과 하나님의 전 그릇 얼마를 그의 손에 넘기시매 그가 그것을 가지고 시날 땅 자기 신들의 신전에 가져다가 그 신들의 보물 창고에 두었더라 _{단 1:1~2}

이것이 우리의 수업을 바벨론, 다니엘에만 국한할 수 없는 이유입니다. 바벨탑, 아시리아, 바벨론은 이렇게 하나님에게 도전하는 연결고리를 형성하기 때문입니다. 이 흐름에서 바벨론과 다니엘, 그리고 역사를 주관하시는 하나님의 응전을 살피려고 합니다.

도전과 응전의 대결

대영박물관 56관 메소포타미아관에서 보게 되는 흔적은 충격적입니다. 인류 최초의 문명을 이룩한 사람들이 조상으로부터 입에서 입으

에덴동산을 연상시키는 부조, 56관

로 전달받은 내용을 이렇게 표현하고 있습니다. 두 사람이 나무 하나를 사이에 두고 마주 보고, 그들 뒤에 뱀이 유혹하는 흔적은 에덴동산의 사건을 떠오르게 합니다.

물론 이 흔적이 실제 그 에덴동산을 의미하는 것이라고 단정할 수 없지만, 그렇다고 해서 에덴동산을 무조건 부정할 수도 없습니다. 구전의 기억 속에 에덴동산의 흔적이 이렇게 스며 있다는 단면을 보는 것이기 때문입니다.

세상의 도전은 에덴동산 이후 가인의 후예, 홍수, 바벨탑까지 확장됩니다. 그러나 하나님은 이런 도전에 대해서 여러 방편으로 응전하셨습니다. '응전'하셨다는 말은 징벌을 주셨다는 말이고 인간에게 회복할 길을 열어 주셨다는 말입니다. 무기력한 인간에게 무조건적인 회복의 길을 여신 것이 기독교의 핵심인 '은혜'입니다. 성경은 은혜의 역사입니다.

이처럼 도전과 응전의 구도를 보면 하나님이 어떻게 일하셨는지를 한눈에 알 수 있고, 그 핵심에 다니엘이란 인물을 사용하셨음을 볼 수 있습니다. 다니엘 이후 '신의 아들'로 인식되는 로마 황제 아우구스투스(Augustus)가 등장했고, 그로 인해 로마 제국에서는 황제를 숭배하게 되었습니다. 이 시기에 '하나님의 아들'이 세상에 오셨고, 교회를 통해 그의 나라를 세우셨습니다. 이 구도는 지금도 이어집니다.

현대 기술 문명과 인공지능, 빅데이터는 인류가 신의 자리에 오르는 '호모 데우스'를 지향합니다. 인공지능 자체가 신이 되려는 의도가 있는지 확인할 수 없지만, 많은 사람이 인간의 모든 문제를 빅데이터에 의지해서 살아간다면 이미 기술 문명은 인간들 속에서 신의 자리를 차지하고 있다고 봐야 하지 않을까요?

그러나 우리가 절망하지 않는 이유는 다니엘이 명확한 하나님 나라를 보여 주기 때문입니다. 느부갓네살의 꿈, 다니엘의 환상을 통해 장차 어떤 일이 일어날지 알려 준 겁니다. 곧 뜨인 돌이 날아와서 신상을 부수고 세상에 하나님 나라가 가득하게 될 것이라는 사실을 말이지요. 이것이 우리의 소망입니다. 현재 우리는 이길 수밖에 없는 싸움을 치르고 있습니다.

하나님 나라와 텅 빈 십자가

하나님은 자신에게 도전하는 세상의 움직임에 응전하셔서 하나님 나라를 세우셨습니다. 아브라함, 모세, 다니엘 같은 사람들을 선택하셨습니다. 이는 관념적이고 추상적인 나라가 아닙니다. 그의 백성과 법(언약)적 관계를 맺으셔서 통치하시는 실제적인 나라로 삼으셨습니다.

『다니엘 수업』을 통해 하나님 나라의 도구로 사용된 다니엘을 관찰한다면 우리도 이 땅에 하나님 나라를 드러낼 수 있을 겁니다. 그렇다면 '어떻게' 하나님 나라를 세울 수 있을까요? '어떻게' 다니엘처럼 살아갈 수 있을까요? 예수께서는 하나님의 나라가 이 세상에 속한 것이 아니며, 세상의 방식으로 작동하는 것이 아니라고 분명히 말씀하셨습니다(요 18:36). 다니엘은 명확한 지침을 보여 줍니다. 그것이 핵심입니다. 다니엘은 진리와 정의의 방법으로 바벨론에서 하나님 나라를 보여 주었습니다.

로마 제국이 하나님 나라에 도전했던 모습을 지켜본 교부 철학자 아우구스티누스(Augustinus)는 『신국론』4권에서 이렇게 기록하고 있습니다.

참된 사랑과 정의를 통해 하나님 나라가 이 땅에 나타날 수 있다. [2]

사랑, 정의, 진리는 지금도 교회에서 외치는 구호입니다. 이 가치들을 어떻게 증명할 수 있을까요? 구호와 프로파간다(propaganda)의 방법으로 이런 가치를 제시할 수는 없습니다. 십자가를 들고 행진하는 방법으로, 혹은 식민지에 십자가를 꽂는 방법으로 확장되지 않습니다. 하나님 나라는 통계적, 숫자적 확장을 말하지도 않습니다.

〈텅 빈 십자가〉라는 작품을 볼까요? 에드바르 뭉크(Edvard Munch)는 불행한 어린 시절을 경험했습니다. 어머니는 '가난의 병'이라는 결핵으로 세상을 떠났고, 누이도 같은 병으로 죽었습니다. 맹신적 믿음을 가졌던 아버지를 보며 자란 뭉크는 1906년에 이렇게 과거를 회고합니다.

나는 인류의 가장 끔찍한 두 가지 적, 결핵과 정신병을 물려받았다. 태어날 때부터 질병과 광기와 죽음이라는 검은 천사들이 내 요람 곁에 서 있었다. 일찍 돌아가신 어머니는 결핵균을 물려주었고, 신앙심이 지나치다 못해 광신에 가까웠던 아버지는 정신병의 씨앗을 물려주었다. [3]

이런 처절한 어린 시절을 보낸 뭉크의 유명한 그림이 〈절규〉입니

〈텅 빈 십자가〉에드바르 뭉크, 1899~1900

다. 그런 상황에서 십자가와 예술은 그가 의지할 수 있는 유일한 버팀목이었습니다. 뭉크는 개인의 신앙과 사회적 책임 사이에서 고민을 했습니다. 그는 〈텅 빈 십자가〉에서 자신을 수도사처럼 그렸습니다. 그림 속 사람들은 쾌락과 정욕, 공허함 때문에 신음하고 있습니다. 절망에 내몰린 사람들에게 십자가는 어떤 역할을 할까요? 그림을 보면 십자가 주변의 사람들은 이웃의 고통에 무심합니다. 사회의 시선으로 보면 십자가는 그들만의 리그입니다. 어쩌면 현재 '다니엘'이라는 이름을 사용하며 열광하는 교회와 이 그림은 크게 다르지 않습니다.

알베르 카뮈(Albert Camus)는 『페스트』에서 다니엘처럼 살아가는 것이 어떤 것인지 그 실마리를 보여 줍니다. 팬데믹이 창궐한 한 도시에서 살아가던 사람들은 미증유의 현실에서 무력감을 느낍니다. 그때 성직자 파늘루 신부는 이 모든 일이 죄 때문에 벌어진 일이니 회개하라고 외쳤습니다. 그의 사고방식은 1348년에 창궐한 흑사병에 대한 중세 교회의 성직자들과 다를 바가 없습니다. 파늘루의 모습을 보면 고통과 눈물로 주저앉은 사람들에게 손을 내밀어 위로하기보다 '인과응보'를 들먹이며 회개하라고 강요하는 현대 성직자들이 연상됩니다.

> 파늘루 신부는 사람이 죽는 것을 많이 보진 못했습니다. 바로 그렇기 때문에 '진리'를 운운하고 있는 것이죠. 그러나 아무리 시시한 시골 신부라도 자기 교구 사람들과 접촉이 잦고 임종하는 사람의 숨소리를 들어 보았다면 나처럼 생각합니다. 그 병고의 의미를 밝히기 전에 우선 치료부터 할 겁니다.[4]

그렇습니다. 진리를 운운하기 전에 풀무 불 같은 극한의 고통 속으로 함께 들어가신 그리스도의 모습을 닮는 게 우선이 아닐까요? 하나님 나라는 그렇게 임하기 때문입니다. 함께 고통을 나누기 어렵다면 적어도 손을 내밀고 보듬는 것이 회개를 외치기 전에 우리가 해야 할 마땅한 자세가 아닐까요?

역사상 둘에 둘을 보태면 넷이 된다고 감히 주장할 수 있는 사람에게도 죽음의 벌을 받는 시간은 반드시 오는 법이다. 문제는 그런 논리의 끝에는 어떤 보상이나 벌이 기다리고 있느냐가 아니다. 그것보다 우리가 페스트 속에 있느냐 아니냐, 그리고 페스트와 싸워야 하느냐 아니냐 하는 것이었다. 그들은 그 해답을 결정해야만 했다.

그 무렵 우리 시에서 수많은 새 모럴리스트들은 아무것도 소용없고 무릎을 꿇는 수밖에 없다고 말하면서 돌아다녔다. 타루도, 리외도, 그들의 친구들도 이런저런 대답을 할 수는 있었지만, 결론은 항상 그들이 잘 알고 있는 것이었다. 즉 이런 방법으로든 저런 방법으로든 싸워야 한다는 것이지, 무릎을 꿇어서는 안 된다는 결론이었다. 문제는 오로지 될 수 있는 대로 많은 사람들로 하여금 죽는다거나 결정적인 이별을 겪게 되는 것을 막아 주자는 데 있었다. 그러려면 유일한 방법은 페스트와 싸우는 것이었다. 그 진리는 찬탄을 받을 만한 것은 못 되고, 다만 필연적인 귀결이었다.[5]

그렇습니다. 결론은 우리도 잘 알고 있는 겁니다. 진리와 정의를 무디게 만드는 수많은 '페스트'들과 싸워야 합니다. 그것이 다니엘이 우리에게 보여 주는 답입니다. 그럴 때 하나님 나라가 조금씩 현실 속에 드러날 겁니다.

PART 1

다니엘은 왜 바벨론으로 잡혀갔는가?

〈아시리아 군대를 지휘하는 산헤립〉, 10관

대영박물관 10관에서는 '라기스 전투'를 감상할 수 있습니다.
사면이 온통 라기스 전투 장면으로 둘러싸여 있습니다.
라기스 성을 침공하는 아시리아 병사들, 그들에게 함락당하는
이스라엘의 모습이 생생합니다. 10관에 서 있으면 마치 그날의
함성, 절규, 비명이 들리는 듯합니다. 이 전시물은 아시리아
유적지에서 출토되었습니다. 아시리아가 유다를 침공한 사건을
이렇게 역사의 흔적으로 새겨 놓았습니다.

그 현장을 관찰해 볼까요?

아시리아 군대를 지휘하고 있는 산헤립이 보입니다. 그는 성경에
언급되었기에 우리에게도 익숙합니다. 히스기야 왕을 공격했던
인물이 산헤립입니다. 그가 유다를 침공했을 때, '히스기야의
기도'가 탄생했습니다. 그렇다면 아시리아나 바벨론 같은
제국들이 이스라엘을 침공한 사건에 대해서 성경은 어떤 의미를
부여하고 있을까요? 외세의 침공과 굴복, 포로 생활로 이어졌던
고통은 이스라엘 내부의 문제일까요, 외부의 문제일까요? 이것은
정치적인 문제일까요, 종교적인 문제일까요?

이스라엘은 그리스도인의 그림자

나 여호와가 말하노라 너희는 나의 증인, 나의 종으로 택함을 입었나니 이는 너희가 나를 알고 믿으며 내가 그인 줄 깨닫게 하려 함이라 나의 전에 지음을 받은 신이 없었느니라 나의 후에도 없으리라 사 43:10

〈설교 후의 환영〉은 잘나가던 증권사 직원 폴 고갱(Paul Gauguin)이 뒤늦게 꿈을 발견한 후 화가가 되기로 결심하고 그린 작품입니다. 그는 서머싯 몸(William Somerset Maugham)이 쓴 『달과 6펜스』의 주인공이기도 합니다. 고갱에게 예술은 숙명처럼 다가왔습니다. 직장을 그만두고 그가 향한 곳은 프랑스에서 종교적 열성이 강했던 브르타뉴 지방이었습니다. 〈설교 후의 환영〉에는 경건한 신앙 전통을 반영하듯 브르타뉴 옷을 입은 여인들이 기도하고 있습니다. 그림의 제목처럼 천사와 씨름하는 야곱의 이야기를 설교로 들었던 것 같습니다. 그렇다면 이 그림은 설교의 내용을 마음에 새기며 기도하는 장면일까요?

브르타뉴 여인들과 오른편 야곱 사이를 나뭇가지가 사선 모양으로 가르며 경계를 이루고 있습니다. 이 구분을 통해 고갱은 내면과 일상의 분열을 보여 주고 있습니다. 설교에서 들은 내용과 현실 사이에 간극이 있음을 의미합니다. 어쩌면 설교를 듣지만 일상에서는 기억에서 사라지는 우리의 내면을 반영하기도 합니다. 이런 구분은 이스라엘의 고질적인 문제였고, 이를 성경에서는 '우상'으로 표현합니다.

야곱은 천사와 씨름한 후 '이스라엘'이라는 이름을 얻었습니다. 그 뜻은 '하나님과 겨루어 이겼다'입니다(창 32:28). 우리는 이 의미를 사전적으로 이해하며 교회에서는 익숙해하지만, 일상에서 하나님과 겨룬다는 것이 구체적으로 어떻게 적용되는지에 관해서는 막연하고 추상

〈설교 후의 환영〉폴 고갱, 1888

적입니다. 이와 같이 우리가 말하는 경건도 종교의 영역에만 갇힌 추상적인 개념은 아닌지 생각해 봅니다.

'이스라엘'이라는 이름에는 하나님과 겨루어 이겼다는 사전적 의미를 넘어서는 더 큰 의미가 담겨 있습니다. 이스라엘이 혈통적 이스라엘 민족을 넘어섰다는 의미로 현대 기독교가 즐겨 사용하는 '새로운 영적인 이스라엘'을 의미하는 것은 더욱 아닙니다. 종교와 일상의 영역이 뚜렷하게 구분된 채 종교적으로 표현되는 면을 '경건'이라고 말한다면 이것은 경건의 능력이 아닌 경건의 모양일 겁니다. 이스라엘은 일상의 영역으로 나아가는 것을 의미합니다. 그 속에서 고뇌하고 씨름하는 자화상에 이스라엘이 깃들어 있습니다.

우리가 '씨름'해야 하는 영역은 어디일까요? 씨름 후에 무엇을 얻을 수 있을까요?

이스라엘이 존재하는 방식

구약 성경에는 역사서가 상당한 분량을 차지합니다. 그렇지만 그 역사는 세계사가 아닌 이스라엘 역사에 국한됩니다. 이스라엘 역사는 우리와 어떤 관계가 있을까요? 분명 예수 그리스도는 이스라엘의 역사 속에서 활동하셨습니다. 이 역사의 주체인 '이스라엘'은 우리에게 무엇을 의미할까요?

이스라엘의 기원은 창세기에 나옵니다. 하나님이 야곱에게 새로 주신 이름이 '이스라엘'입니다(창 32:28). 이런 기원으로 지금까지 그렇게 부릅니다. 구약 성경에서 우리는 이스라엘 역사는 물론 당시의 사회, 경제, 문화, 지형 등 다양한 면을 볼 수 있습니다.

우선 이스라엘이 위치한 장소는 매우 특별합니다. 이스라엘은 지형적으로 아시아, 유럽, 아프리카 대륙의 지판이 교차하는 중심에 위치합니다. 지정학적으로도 메소포타미아, 이집트, 그리스 문명권이 이곳을 중심으로 나뉘는 문명의 교차로입니다. 자연스럽게 이스라엘이 겪었을 험난한 역사를 상상할 수 있습니다. 문명은 단순히 발달된 기술과 학문만을 지칭하는 것이 아닙니다. 전쟁과 약탈, 착취로 쌓아 올린 피의 향연의 총체입니다. 과연 정복과 살육 없이 나타난 고대 문명이 있을까요?

정복과 살육으로부터 무관할 것 같은 그리스 문명에서도 이런 흔적을 발견할 수 있습니다. 4년마다 열리는 올림픽은 고대 그리스로부터 이어진 제전입니다. 올림픽은 주전 776년부터 시작되었습니다. 주전 5세기 그리스의 황금기를 지나면서 여러 종류의 제전이 그리스 전

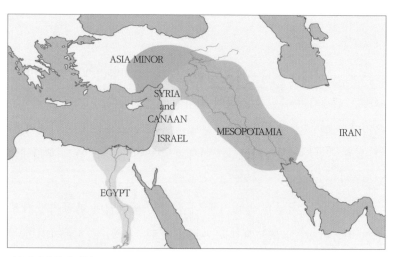

이스라엘과 주변 지역

역으로 확대되었습니다. 심지어 예루살렘까지 그 영향을 미쳤습니다.

현대 기독교인들은 올림픽 제전을 '우상숭배의 향연'으로 치부합니다. 당연히 '제전(祭典)'이기에 그렇습니다. 그러나 이는 역사에서 절반만 이해하는 수준에 불과합니다. 올림픽의 기원은 전쟁이 빈번한 고대 시대에 4년에 한 번씩, 인위적으로라도 전쟁을 멈추고 화합의 장을 만들자고 했던 합의의 결과였습니다. 만일 기독교인들이 우상 축제인 올림픽을 멈추자고 주장한다면 그 이전에 혐오, 배제, 침략, 착취를 먼저 제거하는 것이 당연한 수순일 겁니다.

이스라엘은 팔레스타인 땅에 위치하고 있습니다. '팔레스타인'은 유대 전쟁이 끝난 주후 70년 이후에나 등장한 용어입니다. 로마의 하드리아누스(Hadrianus) 황제는 반란을 일으킨 유대인들을 그 땅에서 추방시켰습니다. 그리고 전통적으로 유대인들에게 가시와 같았던 '블레셋' 민족을 의미하는 '팔레스타인'을 그 땅의 공식 명칭으로 붙였습니다. 따라서 다니엘과 관련된 구약 시대는 팔레스타인이라는 명칭이 생기기 전이므로 우리는 그 땅을 '레반트(Levant)'라고 부르겠습니다.

레반트는 그리스와 페르시아가 맞붙은 이수스 전투, 바벨론과 이집트가 격돌한 갈그미스 전투, 셀레우코스와 프톨레마이오스가 충돌한 판니움 전투, 그리고 '아마겟돈'으로 알려진 므깃도 전투 등 무수한 전쟁이 벌어진 땅입니다. 이곳은 강대국의 말발굽이 지나가는 교차로였고, 강대국의 위성국가들끼리 수없이 피를 흘린 전쟁터였습니다. 전쟁과 교통, 무역의 요충지였기 때문에 이 땅은 강대국들이 세력을 넓히기 위해서 차지하려던 교두보이기도 했습니다.

성경에는 아시리아, 이집트, 바벨론 같은 강대국의 침략뿐 아니라 이스라엘이 가나안 민족들과 벌였던 수많은 전투들이 기록되어 있습니다. 골리앗이 속했던 블레셋이나 모압, 암몬, 아말렉 등과 자주 전투를 벌였습니다. 이런 민족들 속에서 이스라엘은 상대적으로 어떤 위치였을까요?

이스라엘이 가나안에 정착하기까지의 과정을 떠올려 보겠습니다. 홍해를 건너서 이집트를 탈출했고, 광야를 거친 후 요단강을 건너서 가나안 땅에 도착했습니다. '가나안 족속(族屬)'이라는 표현에서 우리는 흔히 가나안에 거주하던 민족들이 '부족'에 불과한 야만인들이었으리라 생각하지만 실제로는 정반대였습니다.

케임브리지대학교의 A. H. M. 존스(Jones) 교수는 레반트에서 살아가던 이스라엘의 특징을 두 단어로 요약합니다. 바로 'Superstitious(미신적)'와 'Backward(낙후된)'입니다. 당시 가나안은 이스라엘보다 앞선 문명을 갖고 있었습니다. 그런 가나안 국가들이 봤을 때, 이스라엘은 종교적(미신적)인 나라였습니다. 왕이 없는 무리였습니다. 국가 체제도, 정규군대도 없는 노마드에 불과했습니다. 다윗과 솔로몬 통치 기간을 제외하고는 언제나 전력은 열세였고, 생활 수준은 열악했습니다.

광야에서 이 땅으로 들어가기 전에 이스라엘이 스스로를 '메뚜기'라고 부른 것은 결코 과장이 아니었습니다(민 13:33). 이 메뚜기들이 남긴 흔적을 레반트 전시관인 57관에서 발견할 수 있습니다. 가나안에 정착하던 사사 시대를 가늠해 볼 수 있을 겁니다.

대영박물관 57관에 전시된 하솔의 항아리는 여호수아서에 언급된 하솔

하솔의 항아리, 57관

(Hazor)에서 출토된 유물입니다. 고고학자들은 이것을 대략 주전 13세기 전후의 항아리로 봅니다. 성경에서는 하솔을 이렇게 기록합니다.

> 10하솔은 본래 그 모든 나라의 머리였더니 그때에 여호수아가 돌아와서 하솔을 취하고 그 왕을 칼날로 쳐 죽이고 11그 가운데 모든 사람을 칼날로 쳐서 진멸하여 호흡이 있는 자는 하나도 남기지 아니하였고 또 하솔을 불로 살랐고 수 11:10-11

여호수아는 이스라엘 민족을 이끌고 가나안 땅의 중심 도시 하솔을 공격했습니다. 그는 여러 도시들 중 하솔은 불로 살라서 진멸했지만, 다른 도시들은 하솔의 진멸을 지켜보게만 했을 뿐, 불사르지는 않았습니다(수 11:13). 일종의 본보기였습니다. 이로 인해 하솔은 그 주변 지역에서 진공 상태가 되었습니다. 여호수아가 죽은 뒤, 수십 년 후에 다시 하솔에서 전투가 벌어졌습니다.

> 1에훗이 죽으니 이스라엘 자손이 또 여호와의 목전에 악을 행하매 2여호와께서 하솔에서 통치하는 가나안 왕 야빈의 손에 그들을 파셨으니 그의 군대 장관은 하로셋 학고임에 거주하는 시스라요 3야빈 왕은 철 병거 구백 대가 있어 이십 년 동안 이스라엘 자손을 심히 학대했으므로 이스라엘 자손이 여호와께 부르짖었더라 삿 4:1-3

여호수아와 에훗 사이에는 수십 년의 시간 간극이 있습니다. 그 사이에 진공 상태가 되었던 하솔에 가나안 왕 야빈이 도시를 재건했습니다. 그리고 에훗이 죽었습니다. 그 시간 동안 하솔은 가나안에서 가장 견고한 성읍으로 변해 있었습니다.

　고고학 자료들을 통해 하솔이라는 도시가 있었고, 하솔은 상당한 문명을 보유했다는 사실을 접할 수 있습니다. 성경은 역사적 흔적 이면의 영적인 의미를 기록합니다. 하솔을 점령하는 이 전투에는 어떤 의미가 담겨 있는 걸까요? 이스라엘에게 이 순간은 가나안 민족들 속에 동화되느냐, 혹은 하나님의 백성으로 구별되느냐를 가르는 중요한 순간이었습니다. 그런 맥락에서 위의 구절을 보면 "또 여호와의 목전에 악을 행하매"는 그들이 가나안 민족들에게 동화되어 가고 있었음을 의미합니다. 그 결과 20년간 하솔에서 학대를 당했습니다. 그리고 나서 이스라엘은 하나님을 부르짖는 백성으로 변화되었습니다. 하솔의 전투는 다음과 같이 이어집니다.

> 드보라가 바락에게 이르되 일어나라 이는 여호와께서 시스라를 네 손에 넘겨주신 날이라 여호와께서 너에 앞서 나가지 아니하시느냐
>
> 삿 4:14

　이 구절은 당시 시대적인 관점으로 보면 흥미롭습니다. 하나님이 앞서서 싸우시겠다는 것은 신들의 전쟁이라는 패러다임을 염두에 둔 기록입니다. 그런데 이 전투의 지도자는 '여성' 드보라였습니다. 전쟁터에서 여성이 군대를 지도한다는 것은 상상할 수 없는 시대였습니다. 그것도 그 지역에서 가장 강력한 하솔을 공격하는 전투에서 말이지요. 이렇게 이스라엘이 존재하는 과정 속에는 하나님이 앞서서 싸우시는 것을 지켜보는 특징이 있습니다.

그렇다면 하나님은 왜 이스라엘을 이집트에서 빼내어 가나안에 정착하게 하셨을까요? 이스라엘은 이집트에서 4백 년간 거주하고 있었습니다. 대영박물관 4관은 이집트관입니다. 이곳에서 다양한 파라오들을 만날 수 있습니다.

성경에는 여러 파라오들이 등장합니다. 모세 당시의 파라오가 정확히 누구인지 알 수 없지만 복음주의 계열에서는 출애굽을 주전 1446년으로 봅니다. 그렇다면 모세가 이집트 왕자로 있던 초기 40년 시절의 파라오는 투트모시스 2세(Thutmose 2, 주전 1493~1479)였고, 출애굽 당시와 광야 시절에는 투트모시스 3세(Thutmose 3, 주전 1479~1425)였음이

투트모시스 2세(왼쪽)와 람세스 2세(오른쪽), 4관

유력합니다. 한편 출애굽 시기를 13세기로 보는 학자들도 있는데, 그에 따르면 모세 당시의 파라오는 람세스 2세(Ramesses 2, 주전 1279~1213)가 됩니다.

고대의 파라오는 자신을 '신의 아들'이라고 선언했습니다. 사후에는 태양신이 된다고 믿었으니 이것은 하나님에 대한 도전일 겁니다. 왜냐하면 그 속에 거주하는 이스라엘도 태양신의 백성이라는 의미이기 때문입니다. 이것은 이스라엘이 이집트에서 나간다고 했을 때 파라오가 반대했던 이유이기도 합니다. 결국 파라오가 이스라엘을 자신의 백성이라고 외쳤을 때, 하나님은 출애굽이라는 형태로 응전하셨습니다.

출애굽은 단순히 모세를 통해 이스라엘을 물리적으로 탈출시킨 사건이 아닙니다. 열 가지 재앙은 '듣보잡'이나 다름없던 야훼가 이집트 신들에게 내리는 사형 선고와 같은 것이었습니다. 이스라엘을 억압하던 이집트 군대를 홍해에 수장시킨 것도 같은 맥락입니다. 하나님은 홍해에서 그의 백성을 구원하며 "주께서 사신 백성"(출 15:16)이라고 표현하셨고, 그 목적은 "주의 처소(성전)"(출 15:17)로 삼으시기 위함이라는 놀라운 선언을 하셨습니다. 그리고는 그 백성을 향해 이렇게 선언하셨습니다.

> 너희가 내게 대하여 제사장 나라가 되며 거룩한 백성이 되리라 너는 이 말을 이스라엘 자손에게 전할지니라 출 19:6

즉 하나님 나라를 이 땅에 드러내기 위해서 그분의 백성을 '제사장 나라'로 삼으셨다고 말씀하셨습니다. 그렇다면 이스라엘은 경이로운 신분을 가진 셈입니다. 그 백성에게 하나님은 율법을 허락하셨고, 다음과 같은 계약을 하셨습니다.

> 여호와께서 시내 산 위에서 모세에게 이르시기를 마치신 때에 증거판 둘을 모세에게 주시니 이는 돌판이요 하나님이 친히 쓰신 것이더라 출 31:18

그의 백성을 선택하시고, 법을 주셔서 '나라'로 삼으셨습니다. 따라서 홍해와 광야를 거쳐서 가나안 땅에 들어간 이스라엘 사람들의 눈에는 자신들이 메뚜기 같아 보였을지라도 하나님은 전혀 다른 의미를 부여하고 계셨습니다. 그래서 돌판 두 개를 모세에게 주셨습니다. 이 '돌판'은 이집트와 히타이트 간에 체결한 조약을 통해서 이해할 수 있습니다.

히타이트 민족은 가나안에 발을 들여놓았던 민족이며, 성경에서는 헷 족속으로 표기됩니다. 고대 이집트에 맞설 만큼 강력한 나라였습니다. 히타이트의 왕 무와탈리와 이집트의 람세스 2세가 전쟁을 벌이다가 승부가 나지 않자 결국 주전 1258년에 카데시 평화조약을 체결했습니다. 이집트와 히타이트가 체결한 평화조약은 두 나라 언어로 새겨서 따로 보관했습니다. 그래서 '두 돌판'이 되었습니다.

이것은 당시 국가 간의 조약이 체결되는 전형적인 모습입니다. 체결된 조약에는 분명한 실체가 있어야 효력이 발생합니다. 그리고 그 조약을 어겼을 경우에는 신뢰를 잃는 것은 물론이거니와 그 효력의 정당성도 인정받지 못합니다. 언약은 이 같은 당시의 '조약' 개념으로 이해할 수 있습니다. 존재를 걸고 지키겠다는 약속이 담겨 있습니다.

카르낙 신전, 이집트 룩소르

카데시 조약 돌판, 이스탄불박물관

이 카데시 조약을 통해 하나님의 언약도 이해할 수 있습니다. 하나님이 그의 백성들과 체결하신 언약을 '율법'이라고 합니다. 언약에 제물이 바쳐졌던 것도 존재와 이름, 생명을 걸겠다는 비장한 결단의 표현입니다. 언약은 이렇게 엄청난 의미였습니다. 이런 언약의 맥락으로 하나님은 이렇게 말씀하셨습니다.

> 여호와께서 너희를 기뻐하시고 너희를 택하심은 너희가 다른 민족보다 수효가 많기 때문이 아니니라 너희는 오히려 모든 민족 중에 가장 적으니라 신 7:7

하나님이 그 백성을 선택하신 이유는 무엇일까요? 신명기에서 말씀하시기를 세상에서 가장 적고, 연약하고, 보잘것없었기 때문에 그들을 선택하셨습니다. 이집트와 가나안 땅에 있던 이스라엘은 단독으로는 생존할 수 없었습니다. 스스로를 메뚜기로 여긴 것은 무척 적절합니다. 그들은 히타이트, 페니키아는 물론 하솔, 여리고에게도 상대가 되지 않는 노마드였습니다. 그런 연약한 집단이 다른 강력한 나라들보다 훨씬 오래 존속할 수 있었던 이유는 분명합니다. 바로 하나님입니다. 하나님 아니고서는 거친 레반트에서 한순간도 존재할 수 없는 태생적인 특징을 갖고 있었던 것입니다.

이 민족에게 부여된 이름이 '이스라엘'입니다. 성경은 이 이름이 '하나님과 겨루어 이겼다'라는 의미라고 말하지만(창 32:28), 이것은 승패를 구분 짓는 말이 아닙니다. 호세아서는 이런 이스라엘의 의미를 상세히 보여 줍니다. 이스라엘 민족을 하나님이 기억하시고, 함께하신다는 약속이 담겨 있습니다(호 12:3~5). 그래서 유대 역사가이자 철학자 필로

(Philo)는 '이스라엘'의 맥락적인 의미는 "하나님 자신의 이름을 걸고 지킨다는 약속"이라고 말했습니다.

"자식 이기는 부모 없다"라는 말은 자녀와 부모 사이의 승패를 구분 짓는 의미가 아니라 자녀를 위해 희생과 사랑을 드러내는 부모의 마음을 표현하는 겁니다. 마찬가지로 이스라엘로 이름을 바꿔 주신 이유 역시 하나님 자신의 이름을 걸고 보호하시며 하나님의 속성과 존재를 드러내는 도구로 만들려는 목적이 이름 속에 포함되어 있습니다 (호 12:6).

이런 이스라엘은 그리스도인들의 그림자입니다. 세상에서 한 인간으로 살아가기에 우리는 보잘것없고, 때로는 자신이 만물의 찌꺼기처럼 느껴지기도 합니다(고전 4:13). 가나안 땅에서 자신들을 메뚜기같이 여기던 것처럼, 우리는 하나님이 없었다면 이미 세상에 동화되어 사라졌을 존재입니다. 이스라엘의 역사가 하나님이 약속하신 역사라면, 우리의 발자취 역시 하나님이 동행하신 역사입니다.

이스라엘은 정말 메뚜기였을까?

가나안에 정착한 강력한 민족들과 비교해 보니 이스라엘 사람들은 자신들이 메뚜기처럼 무기력한 존재로 보였을 겁니다. 그렇다면 다른 민족들의 눈에도 이스라엘이 메뚜기처럼 보였을까요?

57관 레반트 전시관과 이어진 58관은 여리고 전시관입니다. 통유리 속에 여리고 유물이 전시되어 있습니다. 사진 속 유물에 대한 대영박물관 설명에 따르면 여리고에 전투가 있었고, 일곱 명 중 여섯 명이

여리고 전시관의 유물들, 58관

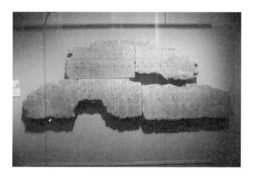

부서진 아마르나 왕들의 연대기, 4관

아마르나 문서들, 57관

동시에 죽은 흔적이라고 추측합니다. 이것은 당시의 정황을 상상하게 해 줍니다. 전투가 있었지만 일곱 구의 시체가 이렇게 보존되었고, 토기 속의 곡물이 고스란히 보존되었다면, 이 흔적은 '매몰'의 결과입니다. 공성전과 살육, 탈취 형태로는 이런 흔적이 남을 수 없습니다.

고대 시대의 전쟁은 부를 증식하는 수단이기도 했습니다. 누군가가 여리고를 공격했다면 시체도 온전히 보존될 수 없거니와 토기 속에 곡물이 남아서도 안 됩니다. 성경에는 이스라엘 노마드들이 여리고를 점령하는 사건이 기록되어 있습니다. 7일간 성을 돌았을 뿐 어떠한 공성전도 하지 않았습니다. 성을 다 돈 후에 큰 소리를 질렀는데 성이 무너졌습니다. 여리고의 사람들은 그 속에 매몰되었습니다.

흥미로운 것은 여리고를 정복하기 전에 여호수아가 스파이를 보냈습니다. 여리고에 거주하던 라합은 그 스파이들에게 이렇게 말합니다.

> 9(라합은) 말하였다. "나는 주님께서 이 땅을 당신들에게 주신 것을 압니다. 우리는 당신들 때문에 공포에 사로잡혀 있고, 이 땅의 주민들은 모두 하나같이 당신들 때문에 간담이 서늘했습니다. 10당신들이 이집트에서 나올 때에, 주님께서 당신들 앞에서 어떻게 홍해의 물을 마르게 하셨으며, 또 당신들이 요단강 동쪽에 있는 아모리 사람의 두 왕 시혼과 옥을 어떻게 전멸시켜서 희생제물로 바쳤는가 하는 소식을, 우리가 들었기 때문입니다." 수 2:9~10, 새번역

이것이 라합 개인의 의견이었을까요? 아마도 여리고 주민들의 의견이었을 겁니다. 그 진위는 대영박물관 57관에서 볼 수 있는 '아마르나 문서(Amarna Letters)'를 통해 가늠할 수 있습니다.

아마르나 문서를 이해하기 위해서는 우선 이집트의 '아마르나 왕들'을 이해할 필요가 있습니다. 이집트 전시관인 4관에 가면 이집트 파라오 왕들의 목록인 연대기가 있습니다.

아마르나 왕들이란, 아멘호텝 4세(Amenhotep 4, 주전 1353~1336)부터 주전 13세기 초반까지 대여섯 명의 파라오들을 가리킵니다. 우리에게 익숙한 투탕카멘(Tutankhamun, 주전 1332~1323) 역시 아마르나 왕들 속에 포함된 파라오입니다. 장구한 이집트 역사에서 볼 때, 아마르나 왕들은 60~70년 정도 통치한 파라오들에 불과하지만, 이들 이후에 등장한 람세스 2세는 이들을 가리켜 '아마르나 이단 왕들(Amarna Heresy)'이라고 불렀습니다. 그 이유는 무엇일까요?

이집트는 오랜 기간 많은 신들을 숭배한 다신교 국가였습니다. 반면 아멘호텝 4세부터는 다신교를 중지하고 태양신을 섬기는 일신교로 종교개혁을 단행했습니다. 주전 1279년에 즉위한 람세스 2세가 봤을 때, 아마르나 왕들은 전통적으로 숭배하던 많은 신들을 배척했기에 이단으로 보였을 겁니다. 그런 까닭에 이집트 파라오 명단을 보면 마치 도려낸 것처럼 잘려 나간 흔적이 있는데, 아마르나 이단 왕들만 싹둑 잘렸습니다. 람세스 2세가 역사 왜곡이 지나치게 심하다고 평가를 받는 이유이기도 합니다.

아마르나 왕들이 당시 레반트 위성국가들과 주고받은 문서들이 남아 있는데, 이를 '아마르나 문서'라고 부릅니다. 1887년 수백 개의 문서 파편들이 이집트 아마르나에서 발굴되었는데, 57관에는 그중 다섯 개가 전시되어 있습니다. 그 첫 번째 문서는 하솔 왕이 보낸 서신이며, 위성국가로서 이집트에게 충성을 바치겠다고 서약한 문서입니다.

중요한 것은 세 번째부터 다섯 번째의 문서들입니다. 세 번째 문서의 발신자는 게셀 왕이고, 네 번째는 므깃도 왕이며, 다섯 번째는 세겜 왕입니다. 이 문서들에는 모두 '하피루(Hapiru)'라는 존재가 등장합니다. 그 내용은 아래와 같습니다.

> 하피루가 왕의 모든 땅을 약탈하고 다닙니다. 만일 궁수들이 지금 이곳에 있다면 주 당신의 땅은 보존될 것이나, 만일 그들이 없다면 당신의 땅은 함락되어서 사라지게 될 것입니다.

> 당신의 땅을 벗어난 하피루들이 이곳 가나안 땅에 침공하여 우리의 삶의 터전을 빼앗고 있습니다. 파라오여! 이 문제를 굽어 살펴 주시기 바랍니다. [6]

이 문서들의 발신지는 여호수아 12장에서 언급되는 나라의 지명과 일치하며, 발굴된 시기도 주전 14~13세기 무렵입니다. 이 문서들이 작성된 시기, 발신자, 내용은 여호수아의 기록과 상충되지 않습니다.

학자들은 이 '하피루'라는 명칭을 '히브리'의 어원으로 봅니다. 흥미롭게도 아마르나 문서와 라합의 고백을 비교하면 굉장히 비슷합니다. 이런 점들을 미루어 보면 다음과 같은 사실을 알 수 있습니다. 즉 레반트 땅에 당도한 히브리인들이 가나안 민족들에게는 상당히 위협적이었으며, 실제로 가나안 왕들이 이집트에 도움의 손길을 요청했다는 겁니다.

이 시기 이집트를 통치한 람세스 2세는 일신교를 종식하고 전통적인 다신교를 회복했습니다. 그가 아마르나 왕들을 '이단'으로 여긴 것을 보면, 아마도 아마르나 첫 왕이었던 아멘호텝 4세가 즉위하기 전에 이집트에 커다란 격변이 있지 않았을까 추측할 수 있습니다. 혹시 성경에 나오는 재앙들은 아니었을까요? 파라오와 그 군대가 홍해에서 수장된 '수치스러운' 사건이 일어났다면 이집트 사관들이 과연 기록했을까요? 그러지 않았을 겁니다. 성경의 기록이 사실이라면 당대에는 큰 충격이었을 겁니다.

> 바로와 그의 군대를 홍해에 엎드러뜨리신 이에게 감사하라 그 인자하심이 영원함이로다 시 136:15

이집트와 가나안 사람들

56관 메소포타미아 전시관과 이어지는 62관 이집트 전시관에서는 많은 사람이 한 번쯤 들어 봤을 법한 문서를 발견할 수 있습니다. 바로 '사자의 서(Book of the Dead)'입니다.

사자의 서는 고대 이집트 사람들의 내세관을 보여 주는 문서입니다. 사람이 죽은 뒤(死者) 어떤 일이 일어나는지에 대한 이집트인들의 세계관을 볼 수 있습니다. 왼편 끝에 흰옷을 입은 망자(亡者)가 있고 그를 하계(下界)로 안내하는 자칼 머리의 신 아누비스(Anubis)가 보입니다. 저울을 통해 그 사람의 선과 악을 평가해서 형벌을 주려는 악어 머리의 신 암무트(Ammut)도 있습니다. 사람이 죽으면 망자의 심장과 깃털을 저울에 달아서 그 사람이 선인인지 악인인지 평가를 합니다. 깃털보다 무거우면 악인이고, 더 가벼우면 선한 사람으로 생각했습니다.

이 사람의 심장은 깃털보다 가볍기에 그는 부활의 수순을 밟을 겁

사자의 서, 62관

메르네프타 비문, 카이로박물관

니다. 이 사람의 행적을 기록한 신 토트(Thoth)도 보입니다. 그는 선한 사람으로 인정받았기에 호루스(Horus)의 안내로 오시리스(Osiris) 앞으로 인도됩니다. 부활의 신 오시리스는 죽은 사람을 부활시킨다고 믿었기에 이집트 사람들은 미이라를 만들었습니다.

이런 이집트의 신들이 제거되고 태양신으로 통일된 것이 아마르나 왕들의 종교개혁이었습니다. 그 개혁의 배경에 충격적인 사건이 있었던 것은 아닐까요? 나일강의 신 하피(Hapi)가 무기력하게 굴복해서 피가 되고, 호루스가 하늘과 땅의 재앙을 막아 주지 못하고, 태양신도 빛을 내지 못하며, 죽은 장자들을 오시리스가 부활시키지 못한 사건은 야훼가 이집트에 내린 응전이었을 겁니다. 이런 큰 사건이 있은 후, 13세기 아마르나 문서에서 '히브리'의 흔적을 발견하게 되고, 다른 문서에서 '이스라엘'의 흔적도 볼 수 있습니다.

주전 1208년 무렵에 제작된 메르네프타 비문(Merneptah Stele)은 현재 이집트 카이로박물관에 소장되어 있습니다. 1896년에 발굴된 이 비문의 27행에는 '이스라엘'이라는 명칭이 등장하는데, 그들이 파라오 영토의 곡식을 해친다고 기록되어 있습니다. 이스라엘의 존재가 이집트에게 위협이 된다는 말이겠지요.

성경과 고대 세계에서 발견되는 흔적들을 종합해 보면, 이스라엘 사람들은 스스로를 무력하다고 여겼습니다. 그런데 그들이 걸어온 길을 주목했던 이집트와 가나안 사람들은 그들의 발걸음 뒤에 있는 전능자의 손길을 봤을 겁니다. 정글 같은 공간에서 노마드들이 스스로의 힘으로 수백 년간 생존하는 것은 불가능합니다. 그러나 이들의 발걸음에는 하나님 나라의 흔적이 있었고, 그들은 제사장 나라의 기능을 감당했습니다.

우리도 스스로를 보면 무력하고 별 볼 일 없는 존재처럼 보입니다. 그러나 앞선 시대를 살았던 그리스도인들의 발자취를 떠올린다면 참으로 이런 고백이 실감납니다.

이런 사람은 세상이 감당하지 못하느니라 히 11:38

하나님 나라 실체 드러내기

이스라엘의 의미를 정리해 볼까요? 하나님은 그의 나라를 이 땅에 드러내기 위해서 세상에서 가장 약하고, 보잘것없는 민족을 선택하셨습니다. 하나님은 자신의 이름을 걸고 그들과 함께하시기로 조약(언약)을 체결하셨습니다. 조약은 양자 합의로 실행되어야 합니다. 하나님이 그의 백성을 지켜 주신 것처럼, 이스라엘은 하나님 나라의 실체를 드러내야 했습니다.

이스라엘을 제사장 나라로 삼으셨기에 '율법'은 하나님 나라를 지탱하는 지침이 됩니다. 예수께서는 율법의 핵심을 두 가지로 표현하셨는데, 하나님을 사랑하고 이웃을 자신처럼 사랑하라고 하셨습니다(마 22:37~40). 이것이 아우구스티누스가 말했던 '사랑과 정의'와 같습니다.

그렇지만 왜 이스라엘은 이런 명령에 순종하지 않았을까요? 아니,

풍요의 여신에게 바치는 축제, 4관

왜 못했을까요? 사랑과 정의를 행하는 것은 의무의 차원이지만 강대국 사이에서 살아남는 것은 생존의 차원이었습니다. 율법은 이상으로 보였지만, 광야와 가나안에서 살아남는 것은 현실이었습니다. 그들이 막막한 미래 앞에 두려움으로 살아가던 모습은 우리가 현실에서 겪는 막막함과 맞닿아 있습니다.

가나안은 하나님이 아브라함에게 주신 약속의 땅이었습니다. 그의 자손은 요셉 시대에 가나안을 떠나 이집트로 내려갔고, 그대로 4백 년이 흘렀습니다. 혈통은 이스라엘 자손이었지만, 그들의 생각과 가치관은 이집트 사람들과 다를 바 없었습니다. 그 흔적을 남아 있는 유물을 통해 가늠해 볼 수 있습니다.

4관 이집트관에 들어서면 주전 18세기에 이집트를 통치하던 파라오 세소스트리스 3세(Sesostris 3)의 모습을 볼 수 있습니다. 그 세소스트리스 3세 조각 옆에 흥미로운 모습이 있습니다. 주전 18세기에 이집트를 제외한 다른 나라는 기근으로 인해 고통을 받았는데, 유독 이집트는 풍요로움을 누렸기에 대지의 여신에게 감사의 제의를 바치는 장면이 새겨져 있습니다. 어떤 이유로 이집트만 풍요로움을 누렸는지 확인할 방법은 없지만, 우리는 직감할 수 있습니다. 7년의 풍년 기간 동안 장차 나타날 7년의 흉년을 대비했던 인물을 기억하기 때문입니다.

이를 계기로 요셉의 모든 가족들은 이집트로 이주했습니다. 그렇게 풍요의 땅에 4백 년간 머물렀습니다. 그런데 풍요를 선택한 결과 이집트에 동화되고 말았습니다. 이스라엘 백성의 동화라는 도전에 대해 하나님은 응전으로 반응하셨습니다. 동화되어 '사라진' 백성들을 외면하지 않으시고 모세를 통해 그 백성을 불러내어 새로운 나라로 만드신 겁니다.

파격적인 선언, 아버지

요셉부터 모세까지 4백 년의 시간 동안 하나님과 세상은 이스라엘 민족의 소유권을 놓고 대결했습니다. 이스라엘은 파라오에게 굴복해서 종이 되었지만, 하나님은 그 민족을 탈출시켜서 그의 백성이 되게 하셨고, 광야에서도 자신의 이름을 걸고 그 백성을 지켜 주셨습니다.

먹고사는 문제가 철저하게 신들의 손에 좌우된다고 믿는 시대에, 하나님은 그 시대가 상상할 수 없는 방식으로 자기 백성과 언약을 맺으셨습니다. 그렇다면 그리스-로마 신들의 세계관이 지배하던 시대에 그리스도께서 "너희는 먼저 그의 나라와 그의 의를 구하라"(마 6:33)라고 하신 말씀을 당대의 사람들은 어떻게 받아들였을까요?

아테네의 랜드마크인 파르테논 신전은 고대 그리스를 상징하는 건축물입니다. 18관에서는 파르테논 신전의 기둥 위를 장식했던 거대한 대리석 조각을 볼 수 있습니다. 파르테논 신전을 장식했으니 그 규모와 아름다움은 인류의 문화유산으로서 손색이 없습니다.

이 조각은 주전 400년 무렵, 아테네의 정치가 페리클레스(Pericles) 시대에 제작되었습니다. 1801~1812년 사이에 이 커다란 대리석 조각을 영국의 엘긴 백작이었던 토머스 브루스(Thomas Bruce)가 해체해서 런던으로 옮겼습니다. 그래서 이것을 '엘긴 마블(Elgin Marbles)'이라고 부르는데, 현재는 반환 문제를 두고 영국과 그리스 정부 사이에서 첨예한 갈등을 빚고 있습니다.

엘긴 마블이 조각된 파르테논 신전에서도 이집트처럼 다신교의 특징을 볼 수 있습니다. 제우스, 포세이돈, 아르테미스 등의 이름은 우리에게 친숙합니다. 그리스-로마 신화를 읽어 보면 외울 수 없을 정도로

엘긴 마블, 18관

많은 신들이 등장하는데, 이 신들은 이스라엘의 신 야훼와는 근본적으로 다릅니다. 야훼는 형상이 없고, 어느 곳에나 있고, 거룩한 속성을 갖고 있습니다. 반면에 그리스 신들은 인간과 동일한 속성을 갖습니다. 인간처럼 분노하고, 질투하며, 음란합니다.

이런 까닭에 신들은 인간이 원하는 방식으로 숭배받았고, 그 대가로 인간의 소원을 이루어 주었습니다. 돈을 지불하고 원하는 물건을 얻는 거래 관계 같습니다. 종교 제의라는 비용을 지불해서 소원이라는 상품을 구입하는 관계였기에 신과 인간 사이에 윤리적 개념이 개입하지 않습니다. 신전 밖에서 어떤 행위를 했든지, 어떤 삶을 살았든지, 신전에서 거래하는 관계에는 영향을 주지 않습니다. 이것은 이스라엘 사람들의 문제를 드러냅니다. '성전(Temple)'과 '신전(Temple)'의 구분이 없었던 이스라엘의 사고방식에 기인합니다.

고대 7대 불가사의 중 하나는 에베소의 아르테미스 신전입니다. 이 신전은 파르테논 신전의 네 배 규모라고 하니 상상할 수 없을 정도로 엄청난 크기입니다. 대영박물관 22관에서는 아르테미스 신전의 흔적을 엿볼 수 있습니다. 사진으로 보는 기둥은 신전을 지탱하는 127개 기둥 중 하나입니다. 에베소 사람들은 이 신전에서 이런 행동을 했습니다.

> 그들은 그가 유대인인 줄 알고 다 한소리로 외쳐 이르되 크다 에베소 사람의 아데미여 하기를 두 시간이나 하더니 _{행 19:34}

에베소 사람들은 이 기둥 앞에서 두 시간 동안 풍요의 신 아르테미스(아데미)를 부르며 부와 번영을 기원했습니다. 그런데 사도행전 19장

아르테미스 신전 기둥, 22관

을 가만 읽어 보면 두 시간 동안 아르테미스에게 기도하는 행위와 이웃에게 자비와 관용을 베푸는 일은 전혀 별개의 문제라는 사실을 알 수 있습니다. 종교는 거래였기 때문입니다.

이런 관념이 지배하던 시대에 하나님은 자신을 '아버지'로 드러내는 파격적인 선언을 하셨습니다. 그 아버지가 원하는 것은 더욱 파격적이었습니다. 하나님은 자녀들에게 숭배를 원하신 것이 아닙니다. 고아와 과부와 빈민과 나그네를 돌보고 환대하는 '사랑과 정의'를 요구하셨습니다. 그 당시 어떤 신이 이런 것을 요구했던가요? 하나님 나라만이 가진 속성입니다.

오늘, 우리의 주인은 누구일까?

이런 맥락에서 출애굽기의 금송아지 사건은 중요한 의미를 제공합니다. 대영박물관 이집트 전시관에서는 다양한 미이라와 파라오, 이집트 신들의 형상을 볼 수 있어서 항상 방문객들로 붐빕니다. 이집트 사람들이 가장 사랑하는 나일강의 신 하피와 성우(聖牛) 아피스(Apis)의 모습을 4관에서 볼 수 있습니다. 이 신들은 출애굽기 속으로 우리를 안내합니다.

> 4아론이 그들의 손에서 금 고리를 받아 부어서 조각칼로 새겨 송아지 형상을 만드니 그들이 말하되 이스라엘아 이는 너희를 애굽 땅에서 인도하여 낸 너희의 신이로다 하는지라 6이튿날에 그들이 일찍이 일어나 번제를 드리며 화목제를 드리고 백성이 앉아서 먹고 마시며 일어나서 뛰놀더라 출 32:4, 6

이 본문에 등장하는 이스라엘 사람들은 혈통만 이스라엘일 뿐, 몸과 마음은 이집트 사람들과 다름없었습니다. 하나님은 모세를 선택하셨고, 그들은 지금 이집트를 탈출한 상태입니다. 떠나온 이집트에는 수많은 신들이 있었고, 각기 다스리는 영역과 형상이 달랐습니다. 하나님이 모세에게 십계명을 주시면서 어떤 형상도 만들지 말라고 하신 이유는 무엇일까요? 야훼의 형상을 만드는 순간, 전지전능하신 하나님이 필요한 부분을 담당하는 한 영역에 갇히기 때문입니다.

그런데 모세가 계명을 받으러 산에 올라간 틈을 타서 이스라엘 백성들은 송아지 형상을 만들었습니다. 그들은 야훼를 버리고, 금송아지를 섬긴 것이 아니었습니다. 금송아지를 '하나님'으로 불렀다는 사실이 충격적입니다. 번제와 화목제를 드리며 이것이 지극히 정상적인 예배라고 생각해서 뛰어놀았습니다. 그러나 그들이 '하나님'이라고 생각하며 만든 것은 야훼가 아닌 '아피스'였습니다! 이 사람들에게 신은 인격적인 대상이 아니라 거래의 대상이었습니다. 그들은 하나님이 풍요와 번영을 가져다주는 존재여야 한다고 믿었던 겁니다.

이집트 전시관에서 마주하는 하피, 아피스를 보면서 우리의 내면에 있는 하나님은 어떤 형상일지 생각해 봅니다. 광야에서 하나님은 그의 백성에게 이렇게 말씀하셨습니다.

2네 하나님 여호와께서 이 사십 년 동안에 네게 광야 길을 걷게 하신 것을 기억하라 이는 너를 낮추시며 너를 시험하사 네 마음이 어떠한

성우 아피스(왼쪽)와
나일강의 신 하피(오른쪽), 4관

지 그 명령을 지키는지 지키지 않는지 알려 하심이라 너를 낮추시며 너를 주리게 하시며 또 너도 알지 못하며 네 조상들도 알지 못하던 만나를 네게 먹이신 것은 사람이 떡으로만 사는 것이 아니요 여호와의 입에서 나오는 모든 말씀으로 사는 줄을 네가 알게 하려 하심이니라

신 8:2-3

이런 표현은 책임감을 가진 아버지만 할 수 있습니다. 하나님이 아버지가 되시겠다는 말씀입니다. 이스라엘 백성은 우리의 자화상입니다. 그들은 먹고사는 문제로 고심하는 우리와 똑같은 고민을 하며 살았던 사람들이었습니다. 그렇다면 우리가 '하나님'이라고 부르는 실체 역시 아피스와 아르테미스 사이 어딘가에 있는 것은 아닐까요?

하나님이 우리에게 원하시는 것은 그분의 나라를 이 세상에 드러내는 겁니다. 그래서 "먼저 그의 나라와 그의 의를 구하라"(마 6:33)라고 하셨습니다. 그럴 때 우리가 바라는 모든 것을 공급해 주신다고 약속하셨습니다. 일용할 양식까지도 말입니다. 오늘, 우리의 주인은 정말 누구일까요?

파우스트의 내기

괴테(Goethe)가 인생을 걸고 쓴 『파우스트』는 그의 불후의 역작입니다. 이스라엘 백성은 물론, 우리의 내면을 관통하는 작품입니다. 인생의 무게와 불확실함의 고통으로 주인공 파우스트는 악마 메피스토펠레스와 내기를 합니다. 악마가 인생의 공허와 불안을 극복하고, 쾌락

과 안정을 준다면 자신의 영혼을 팔겠다고 파우스트는 약속했습니다. "순간이여 멈춰라. 너는 정말 아름답구나"라고 말한다면 내기에서 진 것으로 인정하겠다고 합니다. 행복한 인생은 찰나의 아름다움보다는

파우스트와 메피스토펠레스, 라이프치히

불안을 극복할 수 있을 만큼 손에 움켜쥔 소유로 가능하다고 믿은 걸까요?

이 부분이 깊이 공감됩니다. 미래의 불확실함과 삶의 무게 때문에 인생이 아름답다고 느끼는 순간이 얼마나 될까요? 많은 이들이 삶은 고통의 연속이며, 막막함이 본질이라고 생각합니다. 특히 파우스트는 다른 어떤 것보다 미래에 대한 두려움이 가장 고통스러웠습니다. 그를 향해 '근심'이라는 캐릭터가 이렇게 말합니다.

제 목소리는 귀로는 듣지 못하지만, 틀림없이 마음에서는 울리게 되지요. 저는 여러 가지 모양으로 모습을 바꿔서 무서운 힘을 발휘합니다. 오솔길에서나 파도 위에서나, 영원히 불안한 길동무로서 찾지 않아도 언제나 나타납니다. 당신은 아직도 '근심'을 모르셨나요?[7]

파우스트는 뒤늦게 '자유와 생명은 날마다 싸워서 차지하는 자만이 그것을 누릴 만한 자격이 있다'라는 것을 깨닫고 소리칩니다.
"순간이여 멈춰라. 너는 정말 아름답구나!"
이 장면이 『파우스트』의 가장 중요한 대목일 겁니다. 이것은 악마

에게 졌다고 인정하는 고백이라기보다 더 이상 인생의 불확실함과 미래의 근심 때문에 누군가에게 굴복하지 않겠다는 선언이기 때문입니다. 인생의 의미를 깨닫고, 찰나의 아름다움에서 느끼는 자유가 파우스트에게 진심으로 다가왔습니다.

미래는 하나님 아버지의 영역입니다. 미래는 한 줌 움켜진 것으로 보장되지 않습니다. 지난날들을 돌이켜 볼까요? 비록 손에 쥐고 있는 것이 없어도 아버지는 우리를 외면하지 않으시고, 광야를 넉넉히 걸어오게 하셨다는 사실을 말이지요. 그러니 미래의 근심을 내려놓고, 지금 이 순간 찰나에 보이는 생명의 경이로움, 노을의 아름다움, 사랑하는 이의 미소를 마음으로 느껴 보면 어떨까요? 그런 아름다움을 어떻게 돈을 주고 살 수 있을까요? 그 아름다움을 깨닫는 것이 우리의 경건이 아닐까요? 그래서 우리도 이렇게 외칠 수 있습니다.

"순간이여 멈춰라. 너는 정말 아름답구나!"

내부 문제인가, 외부 문제인가

성경을 열심히 읽어도 공감 능력이 없다면 두 가지 반응으로 나타나게 마련입니다. 바로 '이분화'와 '타자화'입니다. 이분화는 모든 것을 거룩한 것과 세속적인 것으로 나누는 태도입니다. 타자화는 무엇이든 나와 무관한 대상으로 여기는 겁니다.

예를 들어 볼까요? 우리는 이스라엘 백성을 보며 우리와는 무관한 대상으로 타자화합니다. '거룩'을 외치지만 구체적으로 무엇이 거룩한 것인지 모호합니다. 언어와 관념의 '구름' 속에서 허우적대는 것이 공감 능력을 상실한 우리의 모습일 겁니다. 문학과 예술은 우리를 이분화와 타자화의 함정에서 벗어나도록 도와줍니다.

마르다와 마리아에 대한 인식은 어떤가요? 마리아는 거룩하다고 여기는 반면 마르다는 세속적이라고 판단합니다. 벨라스케스(Velázquez)의 〈마르다와 마리아의 집에 있는 그리스도〉를 볼까요?

하루는 예수님과 제자들이 자매의 집에 들이닥쳤습니다. 갑작스럽게 방문한 손님을 맞이하며 집안일을 도맡아 하는 여인의 심정은 얼마나 난감했을까요? 집의 호스트였던 마르다는 급하게 생선과 달걀을 꺼내어 음식을 준비합니다. 표정에 당황한 기색이 역력합니다. 막중한 책임감, 부담감이 얼굴에서 고스란히 읽힙니다.

반면 책임을 나눠야 할 동생 마리아는 이미 멀찌감치 그리스도의 발 앞에 앉았습니다. 부엌일은 아예 고려의 대상도 아닌 것처럼 말이

〈마르다와 마리아의 집에 있는 그리스도〉 벨라스케스, 1618

지요. 그런데 우리의 구분과 달리 벨라스케스는 마르다와 마리아를 나누지 않습니다. 마르다의 마음을 누구보다 잘 공감합니다.

벨라스케스의 가장 유명한 그림 〈시녀들〉을 떠올리면 이 그림을 이해하기 더 쉽습니다. 〈시녀들〉은 등장인물을 일반적인 관점으로 그리지 않았습니다. 그림의 모델이 된 왕과 왕비의 시선으로 그 앞에서 시중드는 사람들을 바라보는 독특한 구도로 그렸습니다. 그림을 그리는 화가 벨라스케스도 왕의 눈에 들어오는데, 커다란 이젤 앞에 서서 작업하고 있습니다. 그림 속의 공주도, 시녀들도, 장애인들도, 개 한 마리도 동등한 가치가 부여되어 있습니다. 이렇듯 공감은 관념과 추상을 넘어서는 실제적인 '거룩함'이라 할 수 있습니다.

〈시녀들〉의 구도처럼, 〈마르다와 마리아의 집에 있는 그리스도〉도 같은 시선으로 그렸습니다. 마르다의 표정에는 마리아를 향한 야속함이 그대로 드러납니다. 마리아는 마르다 옆의 거울에 반사되어 있습니다. 화가는 마르다 옆에 노파를 그리며 마르다를 공감합니다. 마르다 옆의 노파와 거울 속 마리아 곁의 노파는 같은 포즈를 하고 있습니다. 마르다와 마리아 모두를 공감한다는 의미겠지요. 마르다를 보는 시선의 주체는 그리스도입니다. 예수께서는 마르다와 마리아를 구분하지 않으십니다.

벨라스케스는 마르다와 마리아를 이분화하지도, 타자화하지도 않습니다. 누가복음도 마르다의 마음에 깊이 공감합니다. 예수께서도 마르다가 감당하는 일이 충분히 족하다고 격려하십니다(눅 10:42). 이렇듯 누군가를 대상화하기 전에 공감하는 것이 우선입니다.

성전에 있어서는 안 되는 것들

이집트를 탈출한 후 가나안에 정착한 이스라엘은 주전 10세기에 다윗을 중심으로 통일 왕국을 건설했습니다. 그리고 주전 930년 무렵, 솔로몬 이후 북이스라엘과 남유다로 왕국이 분열되었습니다.

그렇게 이어진 주전 9세기에 이스라엘을 위협하던 나라는 아시리아였습니다. 아시리아의 압도적이고 잔인한 침공은 이스라엘 사람들을 공포에 몰아넣기에 충분했고, 결국 주전 722년에 북이스라엘은 역사에서 자취를 감추었습니다. 북이스라엘이 멸망하던 순간, 수도 사마리아의 성전이 아시리아 병사들에게 약탈되는 장면을 대영박물관에서 볼 수 있습니다.

북이스라엘이 멸망하기까지 그들은 아시리아의 거센 물결을 몸으로 맞서야 했습니다. 그런 아시리아에게 사마리아 성전이 함락되어 약탈당하는 장면은 여러 생각을 불러일으킵니다. 전리품을 운반하는 아시리아 병사들의 생생한 표정까지 볼 수 있기 때문입니다.

자세히 들여다보면 병사들의 얼굴에 만연한 조소(嘲笑)에 자존심이 상합니다. 그들의 웃음은 승리와 전리품에 대한 기쁨 때문일까요? 사마리아 성전에 가득했던 신상들을 병사들이 나르고 있습니다. 본래

사마리아 약탈 장면, 8관

사마리아 성전에 있어서는 안 되는 것들입니다. 그래서 병사들의 얼굴에는 비웃음이 가득합니다. 야훼가 혐오하던 것들이 야훼 신전에 가득했던 셈입니다.

사마리아가 함락된 후 전리

품은 아시리아 신전으로 향했고, 우상을 의지했던 사람들은 아시리아 곳곳으로 흩어졌습니다. 아시리아는 혼혈 정책을 취했습니다. 북이스라엘 사람들은 강제로 그곳에서 추방되었고, 그 자리에는 아시리아의 다른 민족들이 유입되었습니다. 그렇게 한 세기 만에 북이스라엘의 열지파는 사라지고, '사마리아인'이라는 관념이 생겨났습니다.

아시리아 병사들의 비웃음이 두고두고 기억에 남는 이유는 무엇일까요? 이스라엘은 생존을 위해 야훼가 아닌 다른 신들을 의지했습니다. 그 대가로 대영박물관이 사라지지 않는 한, 아시리아 병사의 비웃음은 계속 남아 있을 겁니다. 어쩌면 저 비웃음이 교회를 향한 세상의 비웃음처럼 느껴지는 건지도 모르겠습니다.

팬데믹을 지나면서 교회를 향한 세상의 표정도 이와 크게 다르지 않을 겁니다. 교회는 '어두운' 세상의 빛이 되어야 하며, '썩은' 세상의 소금이 되어야 한다는 말을 얼마나 많이 들었던가요? 그렇지만 세상이 교회보다 더 어둡다거나 더 썩었다고 자신 있게 말할 수 있을까요? 교회가 세습, 횡령, 표절, 뇌물, 비리, 음란, 파벌에서 자유롭지 않다면 '빛과 소금'은 한낱 수사적인 표현에 지나지 않을 겁니다. 아시리아 병사들의 표정은 세상 사람들의 조소는 아닐까요? 더 마음이 아픈 것은 사마리아 성전처럼, 지금도 우리 마음속에 '맘몬'이 가득한 것은 아닐런지요.

아시리아는 기독교 국가?

대영박물관 6관에는 아슈르나시팔(Ashur-nasir-pal 2)의 석비가 있습니다. 그는 주전 883~859년에 아시리아를 통치한 왕입니다. '아슈르나시팔'이란 이름은 '아시리아 신이 후계자들을 수호하신다'라는 의미입니다. 이 의미처럼 고대 세계의 통치자들은 정치적인 권력자만을 뜻하지 않습니다. 신들의 시대였으므로, 통치자는 신들의 보호를 받고 있다고 믿었습니다. 그래서 석비를 보면 아슈르나시팔의 손가락 끝이 아시리아의 신들을 가리키고 있습니다. 여기서 우리는 '전쟁'이라는 상황에서 우상숭배의 본질을 가늠해 볼 수 있습니다.

이스라엘 민족은 태생적으로 하나님을 의지해야 하는 나라였습니다. 그 정체성을 잃는 순간 끊임없는 침공에 시달려야 했고, 우상숭배로 이어지는 악순환을 반복했습니다. 이스라엘은 제사장 나라로 부름을 받았으므로 전쟁 문제뿐 아니라 생존 문제도 하나님의 손에 맡기고 그분을 의지하는 것이 당연했습니다. 그런데 그들은 하나님을 종교적인 차원에 국한시키고, 일상의 영역은 강대국의 손에 달려 있다고 생각했습니다. 하나님을 의지하지 않고 강대국을 의지한 겁니다.

아슈르나시팔의 석비, 6관

대영박물관 6관에서 아시리아의 많은 유물들을 볼 수 있습니다. 유명한 블랙오벨리스크 뒤편 벽에서 주전 824~811년에 아시리아를 통치했던 샴시아닷 5세(Shamshi-Adad 5)의 석비를 볼 수 있습니다. 아슈르나시팔의 손끝에 아시리아의 주요 신들이 새겨져 있었던 것처럼 샴시아닷의 손끝도 마찬가지입니다.

샴시아닷 5세의 석비, 6관

한 가지 충격적인 것은 샴시아닷의 목에 걸린 십자가 형상입니다. 그의 목에 왜 십자가가 달려 있을까요? 아시리아는 기독교 국가였을까요? 절대로 그렇지 않습니다. 샴시아닷 앞에는 해, 달, 별 신들이 표현되어 있고, 이것은 자연신의 삼위일체인 셈입니다. 고대 시대에는 십자가가 흔한 문양이었습니다. 이집트관에서도 십자가 모양을 볼 수 있는데, '사자의 서'에서 신들은 손에 십자가를 들고 있습니다. 이 십자가 문양을 '앙크(Ankh)'라고 하는데, '영원한 생명'으로 번역되는 이집트 상형문자입니다.

역사적으로 보면 십자가가 기독교 본연의 상징은 아니었습니다. 고대 시대부터 존재해 온 십자가 모양을 주후 313년 밀라노 칙령 이후부터 중세 시대를 거치면서 공식적으로 교회에서 사용하게 되었습니다. 초대 교회의 사도들이나 성도들은 십자가를 고대 시대처럼 사용하지 않았습니다. 중세 시대에 마치 드라큘라를 쫓아내듯이 그런 상징처럼 사용하지도 않았습니다.

밀라노 칙령 이후 기독교가 고대 종교와 혼합되면서 태양신 숭배 전통을 기원으로 하는 성탄절이 제정되었고, 일요일이 제도적으로 등장했습니다. 부활절 날짜 역시 춘분을 기준으로 정하기로 니케아 회의에서 결정했는데, 춘분을 기준으로 삼던 이집트 종교의 흔적입니다. 밀라노 칙령 이후 성모 마리아와 아기 예수의 형상이 자주 나타나는 것도 고대 시대의 풍요의 여신과 아기 모양의 부활의 신에 절묘하게 어울린 이유입니다. 사도나 초대 교회 성도들이 십자가를 부적처럼 사용한 적이 있었던가요?

나치 기독교 문양

샴시아닷의 십자가는 나치 십자가와 놀랍도록 일치합니다. 종교개혁의 후에였던 독일은 1871년 비스마르크(Bismarck)에 의해 하나의 독일로 통일되었습니다. 프로이센에서 고안한 십자가는 나치 십자가의 상징이 되었는데, 그 속에는 "Gott mit uns"라는 문구가 적혀 있습니다. "하나님이 우리와 함께 계시다"(마 1:23)라는 의미입니다. 히틀러를 추종하던 사람들은 나치 기독교를 숭배하며 하나님이 자신들과 함께한다고 믿었습니다.

이집트, 아시리아, 나치의 십자가는 하나님에게 도전하는 상징입니다. 독일은 종교개혁의 유산을 이어받으며 세계적인 신학자들을 배출했지만, 정작 나치 십자가 앞에서는 침묵했습니다. 8백 년 전, 십자가를 들고 성지를 탈환하며 살육을 일삼던 이들을 가리켜 십자군이라 부르지만 그들의 행위에서 그리스도의 모습이 있었던가요? 우리가 정말 붙잡아야 하는 것은 십자가의 모양일까요, 아니면 십자가의 본질일까요?

너희는 믿음 안에 있는가 너희 자신을 시험하고 너희 자신을 확증하라 예수 그리스도께서 너희 안에 계신 줄을 너희가 스스로 알지 못하느냐 그렇지 않으면 너희는 버림받은 자니라 고후 13:5

하나님은 선지자 요나에게 아시리아로 가라고 말씀하셨습니다. 그러나 요나는 아시리아 사람들을 무척 싫어했습니다. 아니, 혐오를 넘어 두려워했습니다. 우리는 아시리아의 니느웨로 가지 않았던 요나의 행동을 보며 불순종이라고 생각할 수도 있습니다. 그렇지만 아시리아를 연구하면 할수록 요나의 모습에서 우리 자신을 보게 됩니다. 요나가 알았던 아시리아 사람들은 어떤 이들이었을까요?

대영박물관에서는 이스라엘 사람들을 주눅 들게 했던 아시리아의 유물을 볼 수 있습니다. 6관 아시리아 전시관에는 아래의 사진처럼 거대한 성문이 있습니다. 아시리아의 대표적인 도시 니느웨 성의 관문인 발라왓 성문입니다. 그 규모가 압도적입니다. 나무로 만든 문 사이에 쇠로 장식된 부조들을 볼 수 있습니다. 이 부조들은 살만에셀 3세(Shalmaneser 3, 주전 859~824)가 가나안 국가들을 침공해서 승리를 거둔 주전 853년의 카르카르 전투(Battle of Qarqar) 이후에 만들었습니다.

다음 장에서 더 자세히 살펴보겠지만, 살만에셀 3세는 아시리아의 전성기를 이끈 군주였습니다. 이에 대항했던 열두 개의 가나안 연합국가 중에는 아합 왕이 이끄는 북이스라엘은 물론 아람, 암몬도 포함되어 있습니다. 실제로 살만에셀 3세의 기념비에는 아합의 이름이 새겨져 있는데, 그 흔적도 다음 장에서 살펴볼 예정입니다.

원래 아람은 엘리야-엘리사가 활동하던 이스라엘과 레반트에서 생존을 놓고 다투던 나라였습니다. 당시 이 지역의 열두 개의 약소국들은 레반트의 좁은 영토를 두고 엎치락뒤치락했습니다. 그러다 극강의 아시리아가 등장하자 연합 전선을 펼쳤습니다.

발라왓 성문, 6관

발라왓 성문의 부조들, 6관

발라왓 문 사이사이의 부조에서 당시 아시리아의 면모를 그대로 확인할 수 있습니다. 아시리아에 굴복하던 연합국의 지도자들을 볼 수 있고, 잔혹하게 포로들을 다루던 아시리아의 관행도 확인할 수 있습니다. 성벽에는 적군들의 머리를 달아 놓았고, 포로들을 말뚝에 매달아서 잔혹하게 죽인 장면도 볼 수 있습니다. 이 발라왓 성문은 물론 아시리아 전시관의 다른 유물에서도 아시리아의 잔혹한 면을 많이 보게 됩니다.

아래는 아시리아 병사들이 전쟁터에서 귀환하는 장면입니다. 병사들은 적들의 머리를 손에 들고, 환호하며 돌아옵니다. 그들이 전쟁에서 적들을 최대한 잔인하게 죽인 이유는 싸움을 오래 끌지 않고 항복을 받아 내기 위해서였습니다. 이런 아시리아의 전략을 몸소 경험했던 북이스라엘 같은 나라들은 두려움에 떨어야 했습니다. 그들이 그저 살인 기계처럼 보였을 테니까요.

이런 잔혹한 습성 때문에 하나님은 아시리아 사람들도 돌이키기를 원하셨고, 그래서 요나를 니느웨로 보내셨던 겁니다. 하나님은 아시리아 사람들도 뉘우치기를 원하셨습니다. 요나서를 보면 그들은 잠시 뉘우치는 것 같았지만 그런 습성을 포기하지 못했고, 결국 나훔 선지자의 예언대로 멸망에 이르게 되었습니다. 아시리아는 주전 612년에 바벨론에 의해 완전히 무너졌습니다.

아시리아 전시관과 55관 바벨론 전시관에서 우리의 눈길을 사로잡는 상징이 있습니다.

적군의 머리를 든 아시리아 병사, 9관

아시리아의 라마수, 6관

아시리아 사람들은 라마수(Lamassu)를 니느웨의 수호신으로 여겼습니다. 이 신은 사람의 얼굴과 사자의 몸, 독수리의 날개를 갖고 있습니다. 이런 초현실적인 짐승이 발라왓 성문 앞에서 아시리아의 수호신으로 숭배를 받았을 겁니다. 아시리아의 라마수처럼 바벨론의 이슈타르 성문에도 초현실적인 짐승들이 새겨져 있습니다. 잡혀 온 이스라엘 포로들은 이런 수호신들을 보며 하나님을 어떤 존재로 생각했을까요? 혹여 무기력하다고 여기지는 않았을까요?

그런데 하나님은 이스라엘 백성을 내버려두지 않으셨습니다. 그 시대의 언어와 상징으로 자기 백성들과 소통하셨습니다. 에스겔이나 다니엘의 환상이라든지, 밧모 섬에서 사도 요한이 본 계시를 떠올리면 섬광처럼 스치는 생각이 있습니다.

아시리아, 바벨론을 수호하는 짐승들의 모양처럼, 하나님도 환상과 계시를 그의 백성들에게 보여 주셨습니다. 포로 기간 중에, 혹은 유배 기간 중에, 그들이 가장 연약하고 곤고한 상황 중에 하나님은 그 시대의 언어를 통해 살아 계심을 나타내셨습니다. 계시와 환상은 이런 하나님의 존재를 느낄 수 있는 소통 방식이 아니었을까요? 여러 짐승의 모양으로 계시하신 하나님의 진심을 엿볼 수 있게 됩니다.

아피스, 바알, 아세라

이스라엘이 가나안에서 살아남는 과정을 살펴보았습니다. 이스라엘은 강대국은 물론, 가나안 민족들 속에서도 약하기는 마찬가지였습니다. 그런 정글 속에서 이스라엘이 자신을 '메뚜기' 심지어 '버러지'(사

41:14)라고 했던 표현은 피부에 와닿습니다. 하나님은 그 상황, 그 공간에서 그들의 '아버지'가 되기를 원하셨습니다.

살만에셀 3세 석비, 6관

그럼에도 불구하고 이스라엘은 하나님이 아닌 강대국을 선택했습니다. 아시리아의 살만에셀 3세가 침공했던 주전 9세기에 이스라엘은 하나님을 의지하기보다 열두 나라와 연합해서 저항했습니다. 그것이 아시리아를 대적할 수 있는 유일한 방법이라고 여겼습니다. 그런 현실적인 선택을 했던 인물이 아합 왕이었습니다.

아시리아관에서는 살만에셀 3세가 침공했던 나라의 왕들이 굴복하는 장면을 볼 수 있습니다. 발라왓 성문 근처에 블랙오벨리스크가 있는데, 그 뒤편 벽에 살만에셀 3세의 석비가 있습니다. 시간으로 인해 마모된 흔적이 뚜렷하지만 두 가지 특징을 볼 수 있습니다.

먼저 살멘에셀 3세의 손끝에 표현된 아시리아 신들이 있습니다. 사람들은 이 신들이 전쟁을 주관한다고 여겼을 겁니다. 또 다른 특징은 이 비문에 빼곡하게 새겨진 쐐기문자들입니다. 이 문자는 카르카르 전투에서 살만에셀 3세에게 대항했던 열두 나라 왕들의 이름들입니다. 여기에는 북이스라엘의 왕 아합의 이름이 있고, 아람 왕 벤하닷도 언급됩니다. 성경의 실제 인물들이 새겨져 있습니다. 실제로는 열두 나라 연합군이 이겼지만, 비문에는 오히려 아시리아가 승리했다고 기록되어 있습니다. 강대국의 자존심 때문일까요?

나는 카르카르에 도착했다. 이스라엘 왕 아합이 주둔하고 있는 진지를 봉쇄하고 파괴시켰다. 그는 다메섹의 벤하닷으로부터 전차 1,200 승과 기병 1,200명, 그리고 2만 명의 보병부대의 지원을 받았으며, 자신은 기병 2,000명과 보병 1만 명을 이끌고 참전했다.[8]

살만에셀 3세의 비문에는 강대국의 자존심이 반영되었지만, 실제로 연합해서 아시리아에게 저항한 왕들의 실명도 새겨져 있습니다. 여기에 등장하는 아합의 정책은 성경에서도 확인할 수 있습니다. 아합왕이 정치적인 위기를 극복하기 위해서 선택한 방법은 동맹이었습니다. 그 파트너로서 페니키아와 손을 잡았습니다. 그래서 페니키아의 공주 이세벨이 아합 왕의 아내가 되었습니다. 페니키아는 알파벳을 고안했고, 뛰어난 항해술과 기술, 경제력을 갖춘 나라였습니다. 그런 면에서 아합 왕의 정책은 현명하게 보였을 겁니다. 정치, 외교적으로 탁월한 판단이라고 평가할 수 있지 않았을까요?

반면 하나님 나라의 관점에서 본다면 그의 정책은 동화되는 방편을 선택한 겁니다. 아합과 이세벨의 결혼은 정략결혼이었고, 이세벨로 인해 북이스라엘에 수많은 우상들이 유입되었습니다. 아합은 이세벨로 인해 수많은 상아 공예품을 들여왔고, 한술 더 떠서 '상아 궁'(왕상 22:39)을 건축했습니다. 이를 위해 얼마나 많은 국고의 손실이 있었을까요? 3년 넘게 비가 오지 않아서 가뭄으로 고통을 겪었고, '사르밧 과부'의 이야기처럼 가난과 굶주림으로 백성들이 절망에 빠졌던 시대였습니다.

이런 시기에 이세벨은 상아 공예품에 집착했습니다. 57관에는 페니키아의 상아 공예품이 전시되어 있는데, 다음 구절과 비교하면 섬뜩한 느낌입니다.

페니키아의 상아 공예품들, 57관

예후가 이스르엘에 오니 이세벨이 듣고 눈을 그리고 머리를 꾸미고
창에서 바라보다가 왕하 9:30

물론 공예품에 새겨진 창문을 내다보는 여인이 이세벨은 아니지
만, 이 모습과 열왕기하에 묘사된 그녀의 행위가 무척 비슷합니다. 그
녀는 페니키아인이었고, 페니키아 선박을 통해서 이런 사치품을 운반
했습니다. 상아 공예품들 중에는 바알, 아세라 같은 신들을 조각한 물
건도 포함하고 있었습니다.

아합과 이세벨을 지지했던 850명의 종교인들과 엘리야의 대결은
시대의 표준을 생각하게 합니다. 850대 1이라는 구도는 엘리야의 위
대함을 드러내려는 것이 아니라 이스라엘에서 야훼를 의지하는 선지
자가 사라지고 '엘리야만 남은'(왕상 19:10) 황폐한 종교의 표준을 반영합
니다. 이스라엘은 이방인들이 아피스, 아르테미스를 숭배하듯이 바알
과 아세라를 '하나님'으로 섬겼습니다.

엘리야가 모든 백성에게 가까이 나아가 이르되 너희가 어느 때까지 둘 사이에서 머뭇머뭇하려느냐 여호와가 만일 하나님이면 그를 따르고 바알이 만일 하나님이면 그를 따를지니라 하니 백성이 말 한마디도 대답하지 아니하는지라 왕상 18:21

　이 구절을 보면서 우리 시대의 '하나님'은 어떤 실체일지 궁금해집니다. 혹시 '다니엘'에 대한 환호와 선망 뒤에 가려진 실체가 아피스, 바알, 아세라는 아닐까요? 이런 시대에 '나만 남았다'는 엘리야의 절규가 무척 절박하게 다가옵니다.

　하나님은 이방 민족들과의 결혼을 왜 금지하셨을까요? 오늘날 늘어나는 다문화 가족, 국제결혼을 부정하신 것일까요? 그렇지 않습니다. 고대 시대의 이방 결혼은 우상이 들어오는 통로였습니다. 가나안 민족들과 결혼했다는 말은 그들과 화합했다는 의미가 아니라 동화된다는 의미였습니다. 아합 왕이 이세벨과 결혼했다는 말은 페니키아인들을 닮아 간다는 의미가 내포되어 있습니다. 따라서 결혼 금지에는 바알이 하나님 자리를 차지하는 통로를 제거하라는 의도가 담겨 있습니다. 우리를 세상에 동화시키는 '이세벨' 같은 요소는 무엇일까요?

　대영박물관 57관의 페니키아 공예품 중에서 눈길을 사로잡는 것이 있습니다. 짐승이 누군가를 물고 있는 장면입니다. 이 장면에서 이세벨의 최후가 떠오릅니다. 성경에는 창문을 보고 있던 이세벨을 두 내시가 창밖으로 던졌고, 개들이 이세벨의 살을 뜯어 먹었다고 기록되어 있습

페니키아의 상아 공예품, 57관

니다(왕하 9:30~37). 이 장면은 이세벨의 최후를 연상시키기도 하지만, 짠 맛을 내지 못하는 소금이 짓밟히는 느낌도 동시에 떠오릅니다.

아시리아의 프로파간다

이스라엘 백성들이 아시리아의 강력함에 주눅 들어서 굴복한 것을 두고 어리석다고 단정 지을 수는 없습니다. 당시 아시리아는 초강대 국이었습니다. 아시리아관의 긴 벽면에서 그 아시리아의 강력함을 드러내는 조각을 볼 수 있습니다. 바로 사자 사냥 장면입니다.

아시리아가 전쟁을 하지 않고도 주변 국가들을 위축시킬 수 있었던 것은 프로파간다 방식을 사용했기 때문입니다. 아시리아는 군주의 강력함을 드러내기 위한 선전 수단으로 백수의 왕 사자를 사냥하는 모습을 세밀하게 묘사했습니다. 수많은 사자들이 아시리아 군주의

아시리아의 사자 사냥, 6판

힘을 드러내는 용도로 '소비'되는 장면에서 인간의 본성이 동서고금을 막론하고 저열하다고 느낍니다.

이것은 비단 아시리아에만 국한되는 것은 아닐 겁니다. 제국의 프로파간다 용도로 희생된 것은 비단 짐승만은 아닙니다. 개선식을 위한 포로들일 수도 있고, 하나님의 축복이라고 여겼던 식민지일 수도 있으며, 아메리카 인디언이나 흑인들일 수도 있습니다.

어디 그뿐일까요? '숫자'가 권력이 된 현대 기독교도 마찬가지입니다. 1백 명의 교인에 비해서 1만 명은 축복과 부흥의 상징으로 작동하기 때문입니다. 그 결과로 오늘날 수많은 '가나안' 성도들이 양산되는 것은 현대판 '사자 사냥'의 부작용이 아닐까요?

아시리아는 전쟁을 하기 전에 항복을 받아 내는 것을 의도했습니다. 그래서 할 수만 있다면 전쟁에서 최대한 잔인하게 도륙하는 방식을 전략으로 활용했습니다. 아시리아의 조각을 보면 적군들을 잔인하게 죽이는 모습이 생생하게 새겨져 있습니다.

아시리아의 예술가들은 전쟁의 찰나를 이렇게 표현했습니다. 아시리아 병사가 말을 타고 창을 들고 전진하자 적군은 내동댕이쳐집니다. 적군의 내장이 튀어 올라오고, 그 순간을 놓치지 않고 독수리가 날아와서 물고 가는 장면이 놀랍습니다. 우리나라 고구려 벽화도 생생하지만, 삼국 시대보다 1천 년 전에 그림이 아닌 부조로 이런 표현을 했던 아시리아의 수준이 놀랍습니다.

아시리아의 잔혹함은 미개함의 결과가 아니라 치밀한 전략의

아시리아의 전쟁 수행 능력, 8관

표출 방식이었습니다. 실제로 아시리아의 예술과 지적 수준은 상당했습니다. 그들은 도서관을 세워 수많은 기록물을 보유하고 있었습니다. 아시리아 문명의 토대는 바로 엄청난 양의 장서에서 비롯됩니다.

55관에서는 아시리아의 수도 니느웨의 도서관 흔적을 볼 수 있습니다. 1849년 이라크에서 고고학자 헨리 레이어드(Austen Henry Layard)에 의해 출토된 유물들로, 길가메시 서사시를 포함한 3만여 점 이상의 쐐기문자로 된 고대 문서들이 이곳에 보관되어 있습니다.

앞에서 아시리아의 발라왓 성문과 다양한 부조를 보았는데 그 문명의 근원이 된 도서관의 규모를 보면 다양한 생각이 듭니다. 우리의 눈에는 극히 일부이지만, 당시 이 문명을 피부로 경험한 다른 나라들은 무엇을 느꼈을까요? 이스라엘이 아시리아의 문명 앞에서 선택할 수 있었던 폭은 그리 넓지 않아 보입니다. 우리는 우상숭배라고 비판

니느웨 도서관 유물, 55관

할지 모르는 '굴복'이 그들에게는 정치, 외교적으로 나라가 존속할 수 있는 가장 현실적인 선택으로 보였을 겁니다.

므나헴의 조공 장면, 8판

므나헴은 주전 750년 무렵 북 이스라엘을 통치하는 왕이었습니다. 그는 야훼가 아닌 아시리아를 선택했습니다. 이 부조는 아시리아 사신들에게 조공을 바치는 므나헴의 모습을 보여 줍니다. 하나님을 주인으로 섬기는 나라의 왕이 주인을 바꾸는 장면입니다. 장부를 든 아시리아 사신이 보이고, 또 다른 사람은 이스라엘산(産) 가축을 끌고 가고 있습니다. 당시 므나헴은 조공을 불가피한 선택이라고 생각했을 겁니다. 그러나 성경은 다르게 표현하고 있습니다.

17유다 왕 아사랴 제삼십구년에 가디의 아들 므나헴이 이스라엘 왕이 되어 사마리아에서 십 년간 다스리며 18여호와 보시기에 악을 행하여 이스라엘로 범죄하게 한 느밧의 아들 여로보암의 죄에서 평생 떠나지 아니하였더라 19앗수르 왕 불이 와서 그 땅을 치려 하매 므나헴이 은 천 달란트를 불에게 주어서 그로 자기를 도와주게 함으로 나라를 자기 손에 굳게 세우고자 하여 20그 은을 이스라엘 모든 큰 부자에게서 강탈하여 각 사람에게 은 오십 세겔씩 내게 하여 앗수르 왕에게 주었더니 이에 앗수르 왕이 되돌아가 그 땅에 머물지 아니하였더라 왕하 15:17-20

성경은 므나헴의 굴복을 정치적으로 보지 않습니다. 어쩔 수 없었다고 평가하지 않습니다. "여호와 보시기에 악을 행하여"라고 기록합니다. 아시리아에게 조공을 바친 것은 눈앞의 위기를 극복하는 임시방편에 불과했습니다. 불과 한 세대가 지나지도 않은 주전 722년에 사마리아 성전은 약탈을 당했고, 북이스라엘은 역사에서 자취를 감췄습니다. 하나님의 백성이 세상에 동화되는 것은 임시방편일 뿐, 그것이 근본적인 해결책이 아니라고 성경은 말합니다.

열왕기하 15장은 아시리아의 침공이 여로보암과 므나헴의 죄 때문에 비롯된 일이라고 기록합니다. 므나헴은 그 위기의 순간을 모면하기 위해 부자들에게 세금을 강탈해서 아시리아에 바칠 조공 비용을 충당했습니다. 당연히 그 부자들은 손실을 만회하기 위해서 백성들로부터 고혈을 더 쥐어짰을 겁니다.

아시리아의 강력함 앞에 조공을 바치며 굴복한 이스라엘의 태도는 현실에서도 반복되는 우리의 본성일지도 모릅니다. 그렇지만 동화된 백성에게 응전하시는 하나님은 언제나 은혜의 손길을 베푸셨다는 사실을 기억해야 합니다. 하나님은 이스라엘 민족 뒤에서 자신의 존재감을 드러내셨습니다. 역사에서 아시리아, 바벨론, 페르시아, 그리스, 로마로 이어지는 강력했던 제국들이 흥망성쇠를 하는 동안, 위태로워 보이는 이스라엘이 수천 년을 존속했다는 역설은 무엇을 말할까요? 강하기 때문에 살아남는 것이 아니라, 살아남으니 강한 것이 아닐까요?

사르곤 2세와 산헤립

앞에서 주전 722년에 사마리아 성전이 약탈되는 장면을 살펴보았는데, 여기에서는 좀 더 자세하게 아시리아의 침공을 생각해 보려고 합니다. 아시리아관에는 서로 마주 보는 두 군주의 모습이 담긴 유물이 있습니다.

사르곤과 산헤립, 8관

왼편은 아시리아의 사르곤 2세(Sargon 2)이고, 오른편은 그의 아들 산헤립(Sennacherib)입니다. 두 사람은 이스라엘 역사에서 아주 큰 비중을 차지합니다. 사르곤은 북이스라엘을 멸망시킨 인물이고, 산헤립은 유다를 침공하여 히스기야가 기도하도록 만들었던 인물입니다. 사르곤이 사마리아 성을 함락시키고 돌아왔을 때, 아들 산헤립이 맞이하는 모습이니 이 장면은 이스라엘의 역사에서는 무척 뼈아픈 순간입니다.

북이스라엘의 마지막 왕이었던 호세아는 아시리아의 왕 디글랏빌레셀 3세(Tiglath-pileser 3)가 죽자 그 틈을 노리고 전통적인 우방국이었던 이집트에게 원군을 요청했습니다. 이 일이 아시리아를 자극했고, 결국 사르곤에게 최후를 맞이하게 되었습니다.

> 이 일은 이스라엘 자손이 자기를 애굽 땅에서 인도하여 내사 애굽의 왕 바로의 손에서 벗어나게 하신 그 하나님 여호와께 죄를 범하고 또 다른 신들을 경외하며 왕하 17:7

열왕기하의 말씀은 처절한 느낌마저 줍니다. 아시리아에 조공을 바치며 굴욕을 당하던 이스라엘은 아시리아가 약해진 틈을 타서 이집트(애굽)를 의지했습니다. 성경에는 이런 이스라엘을 향해 이집트를 의지하지 말고, 이집트를 심판하셨던 하나님을 의지하라는 아쉬움이 반영되어 있습니다. 과거의 역사를 기억하라는 하나님의 심정입니다. 하나님의 의지와 달리 이스라엘은 이집트를 의지했고, 결국 사르곤에게 점령당했습니다.

> 나는 사마리아를 포위했고 점령했으며, 27,290명의 주민을 사로잡아 왔다. [9]

그렇게 북이스라엘은 멸망했고, 나라는 흔적도 없이 사라졌습니다. 이후 '사마리아 사람'이라는 개념이 등장했습니다. 이런 기록을 보면 역사는 지금도 반복되고 있음을 알게 됩니다. 엄습하는 위기의 순간에 하나님을 의지하기보다 눈에 보이는 것에 손을 뻗는 우리의 연약함은 자칫 더 큰 비극을 만들기 때문입니다.

성경은 이스라엘의 고통이 외부의 강력함 때문에 발생하는 것이 아니라고 단언합니다. 내면의 연약함과 불신앙이 그들을 위축시켰고, 고통과 멸망을 가져다주었음을 기억해야 합니다. 과연 아시리아와 같은 절망이 밀어닥치는 상황 앞에서 우리는 무엇을 할 수 있을까요?

내부 문제인가, 외부 문제인가

아시리아 침공으로 북이스라엘은 주전 722년에 역사에서 사라집니다. 이제 유다만 남았습니다. 사르곤을 계승한 산헤립은 유다를 겨

냥합니다. 당시 유다의 왕은 히스
기야였습니다.

　대영박물관 10관에는 히스기
야 시대를 들여다볼 수 있는 일명
'라기스관'이 있습니다. 산헤립이
라기스를 침공하는 전투 장면이
사방으로 둘러싸여 있습니다. 산

라기스 침공 장면, 10관

헤립과 아시리아 군대의 침공 장면은 우리를 당시 치열했던 전쟁의 한
복판으로 밀어 넣습니다.

　라기스와 아세가는 예루살렘 남쪽을 지키는 방어선입니다. 예루살
렘과 봉화를 통해 소통하는 도시였습니다. 히스기야가 예루살렘을 통
치하던 주전 7세기 초에 아시리아의 산헤립은 거침없이 유다를 점령
해 들어왔습니다. 이제 라기스만 함락하면 예루살렘이 코앞인 절박한
상황이었습니다. 엄청난 수의 '살인 기계'들이 라기스로 몰려옵니다.
Part 1의 대표 사진을 좀 더 확대해 봅니다. 우리 눈앞에 아시리아 왕
산헤립의 모습이 더 선명하게 드러납니다.

　아시리아 병사들에게 붙잡혀서 사지가 결박되어 찢기는 사람들,
포로로 끌려가는 사람들, 죽음을 앞둔 사람들을 하나하나 생생히 볼
수 있습니다. 이들은 이사야 선지자의 경고를 들었을 것이고, 히스기
야의 통치를 받았던 사람들입니다. 이들 중에는 산헤립의 침공이 있기
전, 절기를 맞이해서 예루살렘을 방문했을 때 이사야의 설교를 들었던
사람이 있었을지도 모릅니다. 이들은 이사야의 경고를 들으며 무슨
생각을 했을까요?

　결국 산헤립은 라기스를 함락시켰습니다. 그리고 히스기야가 있던

침공을 당하는 라기스(왼쪽)와
포로로 끌려가는 사람들(오른쪽), 10관

라기스 전투 무기, 10관

화살촉, 57관

아시리아에게 항복하는 베가, 8관

예루살렘을 침공했습니다. 이 라기스를 지키던 이들은 이사야의 경고를 어떻게 평가했을까요? 그리고 산헤립의 침공은 어떤 결과로 이어졌을까요?

그것을 확인하기 전에 10관에 있는 라기스 침공 당시 사용되었던 무기들을 살펴봅니다. 또 57관에 있는 라기스 전투 현장에서 발견된 화살촉들도 살펴봅니다. 아마도 이 화살들은 치열한 전장이었던 라기스의 하늘을 날아다녔을 겁니다. 아시리아 병사를 향한 것이었을까요, 아니면 유다 사람들을 향한 것이었을까요? 아무튼 이런 무기들이 유다 사람들과 관련이 있었다고 생각하니 이사야 선지자의 답답함, 이들의 고통스러움이 느껴집니다.

아시리아의 사르곤과 산헤립은 각각 북이스라엘과 남유다를 공격했던 인물입니다. 북이스라엘의 므나헴은 위기를 극복하기 위해 조공을 바쳤습니다. 그 후임 베가 역시 부조에서 볼 수 있는 것처럼 굴욕적으로 항복하며 조공을 바쳤습니다. 그러나 성경은 므나헴과 베가가 취했던 선택이 최선의 것이 아니라고 말합니다. 므나헴은 백성들을 고통에 빠뜨렸고, 베가는 비참하게 암살당하고 말았습니다. 결국 사마리아는 주전 722년에 사라집니다.

산헤립이 이끄는 아시리아의 침략을 당한 히스기야 역시 선택할 수 있는 방안이 많지 않았습니다. 그는 왕위에 오른 지 14년째 되던 해에 이렇게 행동을 했습니다.

> 13히스기야 왕 제십사년에 앗수르의 왕 산헤립이 올라와서 유다 모든 견고한 성읍들을 쳐서 점령하매 14유다의 왕 히스기야가 라기스로 사람을 보내어 앗수르 왕에게 이르되 내가 범죄하였나이다 나를 떠나

돌아가소서 왕이 내게 지우시는 것을 내가 당하리이다 하였더니 앗
수르 왕이 곧 은 삼백 달란트와 금 삼십 달란트를 정하여 유다 왕 히
스기야에게 내게 한지라 왕하 18:13-14

우리가 아는 히스기야가 맞나 싶을 정도로 연약한 모습이 드러납
니다. 위의 구절을 가만 읽어 보면 므나헴과 베가보다 더 굴욕적인 상
황처럼 읽혀집니다. 히스기야는 조공의 액수를 맞추기 위해 성전 기둥
에 입힌 금까지 벗겨서 바칠 만큼 위축된 심정이었습니다. 그렇지만
그 이전, 즉위 초기의 히스기야의 모습은 달랐습니다.

7여호와께서 그와 함께 하시매 그가 어디로 가든지 형통하였더라 저
가 앗수르 왕을 배반하고 섬기지 아니하였고 8그가 블레셋 사람들을
쳐서 가사와 그 사방에 이르고 망대에서부터 견고한 성까지 이르렀
더라 왕하 18:7-8

히스기야가 하나님을 의지할 때는 모든 것이 형통했습니다. 앙숙
관계였던 블레셋을 물리쳤고, 아시리아조차 큰 위협으로 여기지 않았
습니다. 그의 두 모습 사이의 시간차는 겨우 10년 남짓에 불과합니다.
히스기야는 왜 이렇게 비굴해졌을까요? 그 10년 사이에 아시리아가
훨씬 강해진 걸까요? 아니면 예루살렘의 국력이 줄어든 걸까요?
과연 히스기야가 극명하게 대조적인 반응을 보인 것은 내부 문제
때문일까요, 외부 문제 때문일까요? 분명한 것은 아시리아는 여전히
그 아시리아였고, 유다는 똑같이 그 유다였습니다. 바뀐 것이 있다면
단 하나, 히스기야가 의지하는 대상이 달라진 것뿐입니다.

불에 그을린 니느웨 성의 흔적, 8관

히스기야가 의지할 대상을 바꿨을 때, 나타난 결과는 가히 충격적입니다. 그 결과를 확인하기 전에 사르곤과 산헤립 부조 근처 한 구석에 있는 불에 그을린 흔적을 살펴봅니다. 이것은 니느웨에서 출토된 것으로 주전 612년에 아시리아가 바벨론에 의해 멸망을 당할 당시의 흔적으로 알려져 있습니다.

바벨론은 앗시리아의 수도 니느웨를 함락시키고 불을 질러서 파괴시켰습니다. 주전 722년 아시리아가 사마리아를 멸망시킨 뒤 100년 만에, 그리고 히스기야를 위협한 지 반세기 만에, 그 강력했던 아시리아 역시 불에 그을린 흔적을 남기며 역사 속으로 사라졌습니다.

거기서 불이 너를 삼키며 칼이 너를 베기를 느치가 먹는 것 같이 하리
라 나 3:15

만약 '이스라엘'이라는 단어가 우리에게 의미하는 것이 특정한 한 나라의 역사가 아니라 그리스도인의 운명과 하나님 나라를 보여 주는 것이라면, 히스기야의 선택은 오늘을 살아가는 우리에게도 중요한 본보기가 될 겁니다. 성경은 문제의 본질이 외부가 아니라 내부에 있다고 말합니다. 우리 인생의 가치는 무엇을 선택하고, 누구를 의지하느냐에 달려 있습니다.

아합처럼, 에이해브처럼

인간의 실존 문제와 심리 묘사에 탁월한 작가였던 허먼 멜빌(Herman Melville)의 『모비 딕』은 단순한 고래 사냥 이야기가 아닙니다. 한쪽 다리를 앗아 간 고래를 추격하는 플롯 위에 인생의 문제가 놀랍게 묘사되어 있습니다. 허먼 멜빌은 이 책을 『주홍 글씨』의 저자 너새니얼 호손(Nathaniel Hawthorne)에게 헌정했습니다. 흥미롭게도 호손과 멜빌 둘 다 청교도적 가문에서 자랐지만 공감 능력이 없던 당시 기독교의 일방적 태도에 비판적인 자세를 취했던 작가였습니다.

나는 팔다리가 잘릴 거라는 예언을 들었다. 그리고 그래! 한쪽 다리를 잃었다. 나는 이제 내 다리를 자른 놈을 잘라 버리겠노라고 예언하겠다. 이로써 나는 예언자이자 예언의 집행자가 된다. 이건 당신들,

지금까지의 위대한 신들을 능가하는 것이지. 나는 당신들을 비웃고 야유한다.[10]

『모비 딕』에 나오는 피쿼드 호의 선장 에이해브는 삶의 큰 고난을 당했습니다. 그 상처에 대한 집착이 분노로 표출되었습니다. 그는 한 쪽 다리를 잃었고, 그렇게 만든 고래를 죽이려는 복수심으로 불타올랐습니다.

청교도 가문에서 자랐기에 성경을 잘 알았던 허먼 멜빌은 주인공의 이름을 '아합', 즉 '에이해브'라고 지었습니다. 과연 성경 속 아합과 소설 속 에이해브는 전혀 다른 사람일까요? 『모비 딕』은 처음부터 성경의 모티브로 가득한 작품입니다. 멜빌은 불확실한 인간의 존재와 창조주 하나님 사이에서 갈등하고 번뇌하는 인물로 에이해브 선장을 그려 내고 있습니다. 어쩌면 우리들도 마음속에 이 '아합'이라는 캐릭터를 하나쯤은 갖고 살고 있는지도 모릅니다.

이렇게 힘겨운 짐을 진 내게서 불쌍한 다리 하나를 기어이 낚아채 가는 건 심하지 않나? 나는 낙원에서 쫓겨난 후 무궁한 세월에 짓눌려 비틀거리는 아담이 된 것처럼 너무나 힘겹네. 어깨가 굽고 등이 휘는 느낌이야. 신이시여! 신이시여! 신이시여! 제 심장을 부수고, 제 머리를 꿰뚫으소서!

(중략)

에이해브는 과연 에이해브인가? 이 팔을 들어 올리는 건 나인가, 신인가, 아니면 누구인가? 하지만 위대한 태양도 스스로 움직이는 게 아니라 하늘의 심부름꾼에 불과하다면, 단 하나의 별도 보이지 않는 어떤 힘에 의해서만 회전할 수 있다면, 이 작은 심장은 어떻게 고동치고 이 작은 뇌는 어떻게 생각이라는 걸 하는가? 신이 고동치고 생각하고 삶을 살아가는 것이지, 내가 아니다. [11]

그렇습니다. 우리는 아합처럼, 에이해브처럼, 하나님의 존재와 내 실존의 문제 사이에서 방황하는 연약한 인간입니다. 작품 속에서 에이해브의 복수를 위한 집착은 '이세벨'을 상징하고 있습니다. 그 결과 배에 탄 모든 사람들을 죽음으로 몰아넣고 맙니다.

『모비 딕』이 위대한 작품인 이유는 고뇌와 불안을 불신앙과 우상이라고 정죄하고 평가하는 것이 아니라 우리 역시 동일한 내면을 갖고 있다는 공감을 보여 주기 때문입니다. 독자들은 에이해브 선장이 옳다고 여기지 않지만, 한편으론 우리의 존재를 인정받고 있기에 비로소 삶의 자유를 느낍니다. 이것이 문학이 주는 힘이라면 신앙의 힘은 그 이상을 차지해야 하는 것이 아닐까요?

인생은 결국 외부의 문제가 아니라 내부의 문제에 달려 있습니다. 그 내부의 자아, 즉 우리의 믿음이 발휘될 수 있는 힘은 칼로 도려내는 평가에서 오는 것이 아니겠지요. 벨라스케스와 허먼 멜빌에 보여 주는 공감과 이해를 통해 가능할 겁니다. 하나님도 그렇게 우리를 보고 계시니까요.

3강
우상을 왜 버려야 하는가

8우상들을 만드는 자들과 그것을 의지하는 자들이 다 그와 같으리로다 9이스라엘아 여호와를 의지하라 그는 너희의 도움이시요 너희의 방패시로다 시 115:8~9

런던 내셔널갤러리에서는 이탈리아 예술의 거장 카라바조(Caravaggio)의 〈엠마오에서의 저녁 식사〉를 볼 수 있습니다. 이 작품은 누가복음에 나오는 익숙한 사건을 배경으로 했습니다. 예수께서 부활하신 후에 엠마오 도상에서 두 제자를 만나셨습니다. 스승의 죽음으로 슬퍼하던 제자들은 저녁 먹을 때에서야 비로소 그가 그리스도이심을 깨달았습니다(눅 24:30~31). 같은 인물을 두고 전혀 다른 인식이 만들어 낸 결과입니다. 그 차이를 카라바조는 생생하게 표현합니다.

김상근 교수는 루터의 종교개혁 사상을 가장 잘 반영한 화가가 카라바조라고 말했습니다. 카라바조의 그림 속에 '은총(은혜)'이 선명하게 보이기 때문입니다. 이런 특징으로 인해 당시 로마 교회도 카라바조가 루터의 영향을 받았다고 보기도 했습니다.

그림 속 두 제자는 당시 로마 교회의 지침을 따르던 순례자로 표현되었습니다. 그들의 옷과 가슴에 달린 조개껍질이 그것을 반영합니다. 5백 년 전, 순례지로 오기 위해 각지에서 모여드는 이들의 여정을 표현하면 조개껍질 모양이 됩니다. 그런 순례자가 그리스도를 알아보지 못하는 장면을 통해 카라바조가 어떤 의도를 드러내는지 엿볼 수 있습니다. 즉 순례나 고행은 그리스도의 은총을 경험하는 참된 수단이 될 수 없음을 암시합니다.

식탁 위에 차려진 음식은 카라바조 당시에 흔히 접할 수 있는 음식입니다. 〈돌 제거 수술〉에서 살펴봤듯이 그림 속 꽃, 과일 같은 오브제

〈엠마오에서의 저녁 식사〉 카라바조, 1606

는 각자 상징하는 의미가 있습니다. 바구니에 과일이 들어 있지만, 자세히 보면 바구니가 식탁에서 떨어질 듯이 위태롭게 놓여 있습니다. 우리의 인생이 바알과 아피스처럼 덧없는 것에 좌우된다면 우리의 존재 역시 이렇게 위태로울지도 모릅니다.

카라바조는 자신의 진심을 과일 바구니 뒤에 숨겨 놓았습니다. 과일 뒤의 그림자를 볼까요? 무심코 지나칠 수 있지만, 그림자에 선명하게 물고기 모양이 보입니다. 베드로의 신앙고백 "주는 그리스도시요 살아 계신 하나님의 아들이시니이다"(마 16:16)에서 알파벳 앞 글자만 따면 '물고기(ICHTHUS)'라는 단어가 됩니다. 물고기 모양 속에 숨겨진 그 신앙고백이 그리스도인의 정체성이며 유일한 소망입니다.

로마 교회는 베드로의 고백 위에 세워졌다고 자처하지만, 과연 성 베드로 성당, 면벌부, 순례 같은 것들이 은총의 도구가 될 수 있을까요? 그리스도를 깨닫게 된 찰나를 화가는 이렇게 표현했습니다. 한 제자는 손을 펴서 관람객을 은총의 식탁으로 초대합니다. 반면 여관 주인은 여전히 미심쩍은 표정을 짓고 있습니다.

우상이란, 어떤 종교를 선택하느냐의 '통계적' 문제가 아닙니다. 우리 내면이라는 '바구니'에 무엇을 채워 넣느냐의 문제입니다. 무엇이 우리의 주인인가요? 과일인가요, 물고기인가요?

히스기야, 새장에 갇힌 새

55관에는 사진과 같은 모양으로 테일러스 프리즘(Taylor's Prism)이 전시되어 있습니다. 이 육각형의 문서는 소위 '산헤립 연대기(Sennacherib's Annals)'라는 이름으로 세 개의 버전이 존재합니다. 런던, 시카고, 예루살렘에 하나씩 있으며 대영박물관에서 보는 것은 1830년에 출토된 겁니다. 이 문서가 역사적인 가치를 가지는 이유는 '히스기야'의 이름이 언급되어 있기 때문입니다. 다소 길긴 하지만 내용을 소개해 보겠습니다.

테일러스 프리즘, 55관

> 내 멍에를 메기 싫어하는 유대인 히스기
> 야에게 속한 46개의 요새들을 내가 포위했고, 이 성들을 함락시키기
> 위하여 사다리와 성을 파괴하는 기구들을 사용했다. 동시에 갱도와
> 터널을 파서 성을 허물어 결국은 이 성(라기스)을 함락시켰다. 그 결과
> 200,150명의 포로와 셀 수 없는 가축들을 전리품으로 노획하였다.
>
> (중략)
>
> 그는 새장에 갇힌 한 마리 새처럼 자신의 왕궁이 있는 예루살렘에 갇
> 혀 버렸고, 나는 그 주변에 토성을 쌓음으로 그 성을 포위하였다.
>
> (중략)
>
> 나의 위용은 그를 압도하였으며, 그의 용병들은 그를 버렸다. 금 30
> 달란트와 은 300달란트와 더불어 히스기야가 나의 궁성 니느웨로 보
> 내온 것들은 수많은 보석류와 상아, 값진 보화들, 그리고 그의 딸들과
> 후궁들, 많은 남녀 악사들이었다. [12]

이 육각형 문서에는 히스기야 왕의 이름이 'ha-za-qu-a-u'라는 형태로 언급되어 있습니다. 그가 "새장에 갇힌 한 마리 새" 같았다는 표현

은 산헤립이 유다를 포위 침공하던 순간을 반영합니다.

히스기야는 처음 왕으로 즉위했을 때 누구도 두려워하지 않았고 하나님만을 의지했습니다(왕하 18:7~8). 그러나 얼마간 시간이 지난 후 아시리아가 침공했을 때는, 성전의 벽에 입힌 금붙이까지 긁어서 조공을 바치는 나약한 모습으로 변해 있었습니다(왕하 18:13~14).

라기스를 무너뜨린 산헤립이 히스기야를 새장에 갇힌 새처럼 간주하며 협박의 서신을 보냈을 때, 히스기야는 그 서신을 들고 성전에 가서 기도했습니다. 바로 이때 '히스기야의 기도'가 탄생했습니다.

우리는 이 맥락을 주목해야 합니다. 아시리아는 어제의 그 아시리아였고, 유다도 어제의 그 유다였습니다. 달라진 것은 히스기야가 의지하는 대상뿐입니다. 이것이 하나님이 우리를 통해서 그의 나라를 드러내시려는 진심입니다.

> 19우리 하나님 여호와여 원하건대 이제 우리를 그의 손에서 구원하옵소서 그리하시면 천하 만국이 주 여호와가 홀로 하나님이신 줄 알리이다 하니라 20아모스의 아들 이사야가 히스기야에게 보내 이르되 이스라엘 하나님 여호와의 말씀이 네가 앗수르 왕 산헤립 때문에 내게 기도하는 것을 내가 들었노라 하셨나이다 왕하 19:19~20

히스기야가 기도하자, 이사야 선지자는 하나님이 그 기도를 들으셨다고 확인해 주었습니다. 그 결과는 어땠을까요? 10관에는 라기스 공성전에서 사용된 투석기의 돌과 무기가 전시된 진열장이 있는데 그 오른편에는 산헤립의 원정 기록이 새겨진 8각형 기둥이 있습니다. 기록을 보면 당시 산헤립은 특별한 이유 없이 아시리아로 퇴각했다고 밝힙니다. 히스기야를 새장 안에 가두었고, 항복할 것을 회유하며 조롱했던 산헤립이 어째서 이유 없이 퇴각한 것일까요?

고대 그리스 역사가였던 헤로도토스(Herodotus)는 이 사건에 대해 다음과 같은 기록을 남겼습니다.

그러나 그곳에 적군이 도착했을 때, 들쥐 떼가 밤에 그들의 화살통들과 활들과 방패의 손잡이를 갉아 먹기 시작했다. 그래서 다음 날 적군은 무기도 없이 도주할 수밖에 없었고, 군사들은 많이 쓰러졌다.[13]

헤로도토스는 이 사건의 내막을 조사하면서 들쥐 떼가 나타났고, 많은 아시리아 병사들이 쓰러졌다고 기록합니다. 타임머신을 타고 가지 않는 한 그날 정확히 어떤 일이 있었는지는 확인할 수 없지만, 그의 기록에 따르면 들쥐 떼로 인한 전염병 같은 충격적인 사건이 있었고, 그 결과 아시리아 군대가 퇴각했다고 생각해 볼 수 있습니다.

고대 아시리아 관련 언어학자로서 아시리아 점토판을 연구한 파르폴라(Simo Parpola)가 해석한 내용들이 대영박물관에 사료로 남아 있습니다. 아시리아 기록에는 산헤립이 퇴각했다고만 언급하는 반면, 파르폴라가 해독한 다른 아시리아 기록에는 산헤립이 돌아온 후 두 아들들에게 살해당했다는 내용도 포함되어 있습니다.

이런 내용을 종합해 보면, 그날의 진실에 한 걸음 더 다가서게 됩니다. 두 아들은 산헤립의 퇴각이 못마땅했을 것이고, 아시리아 군대 진영에서는 황급히 퇴각할 만큼 병사들에게 어떤 충격적인 사건이 있었을 것으로 보입니다. 쥐 떼가 옮기는 흑사병이라면 알베르 카뮈의 『페스트』 내용처럼 피를 토하며 죽었을 겁니다. 피범벅이 된 주검들을 보며, 사람들은 눈에 보이지 않는 존재가 칼을 휘두르며 살육한 것이라 여기며 충격적인 사건이 일어났다고 생각했을 듯합니다. 같은 사건을 두고 성경은 이렇게 표현하고 있습니다.

> 35이 밤에 여호와의 사자가 나와서 앗수르 진영에서 군사 십팔만 오천 명을 친지라 아침에 일찍이 일어나 보니 다 송장이 되었더라 36앗수르 왕 산헤립이 떠나 돌아가서 니느웨에 거주하더니 37그가 그의 신 니스록의 신전에서 경배할 때에 아드람멜렉과 사레셀이 그를 칼로 쳐 죽이고 아라랏 땅으로 그들이 도망하매 그 아들 에살핫돈이 대신하여 왕이 되니라 왕하 19:35~37

성경과 아시리아의 기록을 대조해 보면 하나님이 히스기야의 기도에 응답하셨음을 알 수 있습니다. 그뿐만 아니라 하나님은 아시리아의 도전에 응전하셨던 것으로 보입니다. 그렇다면 우리도 히스기야처럼 하나님께 기도할 수 있지 않을까요?

숭배, 그리고 양극화 현상

앞 장에서 발라왓 성문 근처에 있는 살만에셀 3세의 기념비와 거기에 새겨진 쐐기문자를 보았습니다. 그 앞에는 두 개의 오벨리스크가 있는데, 하나는 화이트오벨리스크이고, 다른 하나는 블랙오벨리스크입니다. 그중 블랙오벨리스크를 들여다보겠습니다.

살만에셀 3세가 레반트 지역을 침공해 왔을 때, 아합이 대처했던 방식은 정치, 외교적 타협이었습니다. 여기서 우리는 '우상'의 의미에 한 걸음 더 깊이 다가가 보려고 합니다. 블랙오벨리스크에는 여러 나라의 왕들이 살만에셀 3세에게 굴복하는 장면이 새겨져 있습니다. 위에서 두 번째 장면에서는 북이스라엘 왕의 모습도 확인할 수 있습니다.

나(살만에셀 3세)는 오므리의 아들 예후로부터 은과 금, 금잔, 금대접, 금컵, 그리고 왕의 홀을 조공으로 받았다.[4]

블랙오벨리스크(왼쪽)와
예후의 굴복 장면(오른쪽), 6관

이 장면은 가슴 아픈 우리나라 역사를 떠올리게 합니다. 삼전도비에 새겨진 삼궤구고두례(三跪九叩頭禮)가 떠오릅니다. 오랑캐로 여기던 나라에게 아홉 번 머리를 조아리던 인조 임금의 무능함도 겹쳐 보입니다. 우리나라 역사를 보며 분루(憤淚)를 삼키고, 이스라엘의 역사를 보며 수치를 느낍니다. 우리나라의 항복은 임진왜란에 이은 약소국의 서러움이며, 이스라엘의 굴욕은 다윗과 솔로몬 시대의 당당함을 경험했기에 느끼는 서글픔일 겁니다.

청나라 황제에게 신하의 예의를 갖추며 조공을 바칠지언정, 우리나라는 그들처럼 변발(辮髮)을 하지는 않았습니다. 이에 반해 살만에셀 3세를 향한 굴종은 정치적 영역을 넘어서 그들의 신에게도 복종해서 따르겠다는 선언과 다름없었습니다. 아시리아 왕 앞에 그들의 신이 또렷하게 새겨져 있기 때문입니다. 그런 까닭에 정치적인 굴복이 종교적인 우상숭배로 이어지는 것은 당연한 수순이었습니다.

주전 9세기 아합과 예후의 시대부터 히스기야가 아시리아의 침공을 받던 주전 7세기 사이에 엘리야, 엘리사, 아모스, 요엘, 미가, 이사야 같은 선지자들이 활동했습니다. 이들은 아시리아의 위협 속에서도 한결같이 지도층의 우상숭배를 경고했습니다. 하나님은 고아, 과부, 빈민, 거류 외인들을 돌보라고 율법을 통해 말씀하셨고 선지자들은 부자들의 착취와 압제, 억압을 지적했습니다.

당시 우상숭배와 사회의 양극화 현상은 다른 층위가 아니라 한 얼굴을 하고 있었습니다. 강대국의 방식을 따르겠다는 약육강식의 구조는 자연스레 수탈과 착취로 이어지기 때문입니다. '인권'이라는 것은 불과 2~3백 년 전에 발견된 개념입니다. 이런 개념이 고대 시대에 있을 리가 없습니다. 강대국은 힘의 논리를 앞세웠고, 그것이 당연하게 여겨지던 시대였습니다. 하나님이 율법과 선지자들을 통해 말하고 싶으셨던 우상숭배의 핵심은 그 시대의 가치관에 동화되는 겁니다.

아시리아의 몰락과 바벨론의 등장

영원할 것 같았던 아시리아는 주전 612년에 니느웨가 함락되면서 역사의 무대에서 사라졌습니다. 나훔 선지자의 예언대로 불타 버린 니느웨의 흔적을 앞 장에서 살펴보았습니다. 그 주역은 바벨론이었습니다. 바벨론은 아시리아를 무너뜨리고, 티그리스강과 유프라테스강 일대를 장악한 뒤, 다음으로 곡창지대인 이집트로 눈을 돌렸습니다. 바벨론에서 이집트로 향하는 길목에 유다가 위치해 있습니다.

바벨론이 이집트 원정을 떠날 때, 유다를 비롯한 가나안의 연약한 나라들은 이집트의 위성국가였습니다. 따라서 바벨론은 이런 나라들을 친바벨론 성향으로 바꿀 필요가 있었습니다. 이집트의 완충 장치들을 없애야 전쟁할 때 수월했으니까요. 이런 목적으로 바벨론은 이집트로 가는 길목에 위치한 유다를 세 차례 공격했는데, 그 과정을 정리해 보면 이렇습니다.

주전 612년, 아시리아 멸망
주전 605년, 1차 침공과 포로 착거(다니엘과 세 친구들)
주전 597년, 2차 침공과 포로 착거(에스겔과 유다의 지도자들)
주전 586년, 3차 침공과 남유다 멸망(예레미야와 시드기야 왕)

바벨론 연대기, 55관

이렇게 바벨론은 유다 너머의 이집트를 겨냥하며 행동했습니다. 55관 바벨론 전시관에는 바벨론 연대기가 있는데, 거기서 주전 615년에서 609년 사이에 어떤 사건이 있었는지 확인해 볼 수 있습니다.

이 연대기를 보면 주전 612년에 바벨론이 아시리아의 니느웨를 무너뜨린 정황이 기록되어 있습니다. 아래 지도를 보면 당시 상황을 이해하기 쉽습니다. 니느웨가 파괴된 것은 아시리아에서 가장 중요한 요새가 무너진 것과 같습니다. 수도를 빼앗긴 아시리아는 국운이 다한 상태로 하란으로 옮겨서 멸망을 기다리는 처지였습니다. 니느웨와 하란 사이의 티그리스강, 유프라테스강의 위치도 확인할 수 있습니다.

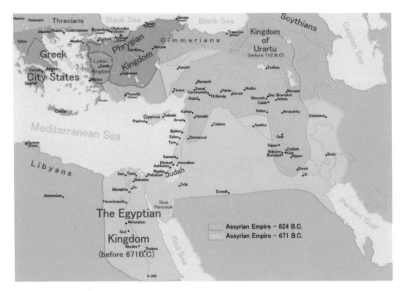

아시리아 제국의 영토

이집트 입장에서 볼 때, 아시리아가 사라지면 레반트를 보호할 장벽이 약화되어 곧장 바벨론과 맞붙게 될 수도 있었습니다. 그래서 이집트는 갈그미스로 병력을 파견해서 아시리아를 살리고 바벨론을 견제하려고 했습니다. 이런 배경으로 두 차례의 갈그미스 전투가 벌어집니다. 다음 장에서는 요시야가 이 전쟁에 왜 참전했는지, 요시야의 아들들은 어떤 자세를 취했는지 살펴볼 겁니다. 이런 상황과 지형은 성경을 이해하는 데 무척 유익한 내용을 제공해 줍니다.

주전 612년 니느웨가 무너질 때 바벨론의 통치자는 나보폴라사르(Nabopolassar, 주전 626~605)였습니다. 그는 느부갓네살의 아버지입니다. 바벨론 연대기에는 그에 관한 이런 기록이 있습니다.

> 그의 통치 16년째 해의 이유(Iyyou) 달에 나보폴라사르는 군대를 소집하여 아시리아로 진군했다. 그리고 아시리아의 왕 앗수르우발릿(Ashur-uballit)을 추격하여 하란까지 진군했다. 두려움이 그와 그를 도우러 온 이집트 군대를 덮쳤고, 그들은 결국 성을 버리고 떠났다.[15]

바벨론 연대기에는 유다에 점점 다가오는 위기 상황이 언급됩니다. 북이스라엘을 멸망시킨 아시리아는 몰락했지만, 새롭게 떠오르는 바벨론이 하란까지 밀고 들어왔고, 이를 막기 위해서 병력을 파견한 이집트 군대도 무너지고 말았습니다. 다음 차례가 유다가 될 것이라는 사실은 불 보듯 뻔한 것이었습니다.

아시리아가 무너진 주전 612년부터 예루살렘이 멸망한 주전 586년 사이 대략 30년의 기간은 이스라엘의 역사에서 무척 중요합니다. 수많은 예언과 회복의 약속이 이 시기를 중심으로 이루어져 있고, 많은 선지자와 인물들이 거론되었습니다. 주전 586년에 예루살렘의 솔로몬 성전이 파괴되었고, 그 후 잡혀갔던 포로들이 귀환하여 제2성전이 건립되는 상황도 이어집니다. 이런 상황을 모른다면 구약의 상당 부분을 이해할 수 없기에 조금 더 살펴보도록 하겠습니다.

예레미야와 다윗 언약의 충돌

주전 612년에 아시리아의 니느웨를 함락한 바벨론은 주전 605년부터 유다의 예루살렘을 위협했습니다. 이 시기에 예레미야는 예루살렘의 주류 종교인들로부터 배척과 혐오를 받았습니다. 그 이유는 당시 종교인들이 다윗 언약을 붙잡았던 데에 반해 예레미야는 하나님의 심판을 예언했기 때문입니다. 예레미야와 종교인들의 갈등은 어쩌면 오늘날에도 쉽게 접하게 되는 패턴입니다. 대한민국이 제2의 이스라엘이며 축복을 받게 될 것이라고 도취되어 있는 모습 말입니다.

> 13그는 내 이름을 위하여 집을 건축할 것이요 나는 그의 나라 왕위를 영원히 견고하게 하리라 16네 집과 네 나라가 내 앞에서 영원히 보전되고 네 왕위가 영원히 견고하리라 하셨다 하라 삼하 7:13, 16

이것은 하나님이 다윗에게 하신 말씀이었습니다. 성전과 나라를 영원히 보전하고 지켜 주시겠다는 약속입니다. 이때 하나님이 의도하신 것은 정치적인 의미가 아니었습니다. 거룩한 백성으로 살아가는 '구별된' 모습으로 하나님 나라를 영원히 드러내시겠다는 의미였습니

다. 도전과 응전의 구도에서 나타
난 하나님 나라 말입니다.

항아리 문서, 57관

이런 하나님의 의도를 몰랐던
이스라엘 종교인들은 정치적 이스
라엘 국가가 영원할 것이라 생각했
습니다. 이 해석의 차이가 바벨론
의 침공 앞에서 예레미야와 이스라
엘 종교인들 사이에 벌어진 갈등의 원인이었습니다. 그리고 바벨론은
속절없이 유다를 향해 다가옵니다.

바벨론의 1차 침공(주전 605년)과 2차 침공(주전 597년)은 유다를 완전
히 멸망시키려는 것이 아니라 레반트 국가들을 친바벨론 세력으로 바
꾸어 이집트를 압박하려는 수단이었습니다. 따라서 침공 후에는 해
당 국가로부터 포로들을 잡아가서 배반하지 못하도록 위협했습니다.
1차 침공 때는 다니엘 같은 왕족과 귀족 자녀들을 잡아갔습니다(단
1:3~4). 2차 침공 때는 어린 여호야긴 왕과 귀족, 기술자, 성직자들을 잡
아갔습니다. 에스겔도 이 속에 포함되었습니다.

그럼에도 불구하고 유다의 마지막 왕 시드기야는 바벨론에 저항하
고 친이집트 성향을 버리지 않았습니다. 바벨론은 이를 응징하기 위해
최후의 칼을 빼 들었습니다. 결국 주전 586년 예루살렘은 무너졌고,
시드기야는 눈이 뽑힌 채 끌려가고 말았습니다.

위의 항아리 문서는 1935년에 발굴된 것으로, 예루살렘을 방어하
는 최후의 저지선에 해당되는 라기스에서 벌어졌던 주전 590년 무렵
의 전투 관련 기록입니다. 같은 라기스이지만 앞에서 살펴본 산헤립
침공 때보다 한 세기 뒤에 일어난 일을 다루고 있습니다. 라기스와 아

세가는 예루살렘을 지키기 위한 최후의 방어선입니다. 이 두 도시를 두고 예레미야서에서는 이렇게 기록합니다.

> 그때에 바벨론의 왕의 군대가 예루살렘과 유다의 남은 모든 성읍들을 쳤으니 곧 라기스와 아세가라 유다의 견고한 성읍 중에 이것들만 남았음이더라 렘 34:7

바벨론 왕의 군대가 라기스와 아세가까지 다가왔다는 것은 예루살렘의 멸망이 임박한 상황이라는 이야기입니다. 이런 전황을 왕에게 보고한 인물이 호사야(렘 42:1, 느 12:32)입니다. 항아리 문서에는 당시 상황이 이렇게 남아 있습니다.

> 오늘 여호와께서 왕에게 평화로운 소식을 전하기를 원합니다.
> (중략)
> 왕께서 명하신 모든 것을 신호로 보냈습니다. 또한 명하신 것을 성문 위에서 전했습니다. 그러나 더 이상 아세가의 신호(봉화)를 볼 수 없습니다. 이제 왕께서 말씀하실 신호만 기다리고 있습니다. [16]

상황을 정리해 보면 바벨론은 아세가와 라기스를 거쳐 예루살렘 방향으로 점령해 들어가고 있었습니다. 라기스에서 발견된 항아리 문서에서는 '야훼', 평화로운 소식을 의미하는 '샬롬'이라는 희미한 글자도 발견되었습니다. '신호를 볼 수 없다'는 표현에서 아세가는 이미 무너졌음을 알 수 있습니다. 이제 예루살렘만 바라보는 호사야의 심정은 어땠을까요?

또 다른 항아리 문서에는 이런 언급이 있습니다.

"선견자(선지자)들이 전하는 말이 선하지 않다. 그들은 우리를 절망하게 할 뿐이다."[17]

이렇게 기록될 만큼 사태는 심각하게 돌아가고 있었습니다. 그 이유는 하나님이 이스라엘을 심판하는 도구로 바벨론을 사용하셨기 때문입니다. 예레미야는 그것을 분명하게 전했습니다. 그럼에도 다윗 언약을 붙잡았던 예루살렘 종교인들은 예레미야와 같은 소리를 내는 이들을 처형하도록 왕에게 탄원했습니다.

이에 그 고관들이 왕께 아뢰되 이 사람이 백성의 평안을 구하지 아니하고 재난을 구하오니 청하건대 이 사람을 죽이소서 그가 이같이 말하여 이 성에 남은 군사의 손과 모든 백성의 손을 약하게 하나이다

렘 38:4

예레미야의 기록과 항아리 파편 문서가 놀랍게 일치합니다. 그렇다면 우리는 바벨론을 어떻게 바라봐야 할까요? 당시 다윗 언약을 붙잡았던 대표적인 선지자는 하나냐였습니다. 그는 성전에서 사람들을 향해 이렇게 말했습니다.

1그해 곧 유다 왕 시드기야가 다스리기 시작한 지 사 년 다섯째 달 기브온앗술의 아들 선지자 하나냐가 여호와의 성전에서 제사장들과 모든 백성이 보는 앞에서 내게 말하여 이르되 2만군의 여호와 이스라엘

의 하나님이 이같이 일러 말씀하시기를 내가 바벨론의 왕의 멍에를 꺾었느니라 3내가 바벨론의 왕 느부갓네살이 이곳에서 빼앗아 바벨론으로 옮겨 간 여호와의 성전 모든 기구를 이 년 안에 다시 이곳으로 되돌려 오리라 4내가 또 유다의 왕 여호야김의 아들 여고니야와 바벨론으로 간 유다 모든 포로를 다시 이곳으로 돌아오게 하리니 이는 내가 바벨론의 왕의 멍에를 꺾을 것임이라 여호와의 말씀이니라 하시니라 렘 28:1~4

만약 우리가 당시 예루살렘 백성이라면 누구의 말을 들었을까요? 누구의 말을 더 의지했을까요? 심정적으로는 하나냐의 말을 듣고 싶을 겁니다. 예레미야는 반드시 바벨론에게 멸망당할 것이라고 말했습니다(렘 38:3). 백성의 비극을 전했습니다.

하나님은 예레미야를 통해 자신의 계획을 말씀하셨습니다. 다니엘은 그 계획 속의 핵심 인물이었고, 그는 바벨론에서 하나님의 계획을 확인했습니다. 왜 하나님은 자신의 백성을 심판하셔야만 했을까요? 그들이 성전, 율법, 성직자 등 종교적 조건은 갖추고 있었지만 일상에서 살아가는 정체성은 이미 주변과 동화되어 하나님 나라의 흔적을 잃어버렸기 때문입니다.

30이 땅에 무섭고 놀라운 일이 있도다 31선지자들은 거짓을 예언하며 제사장들은 자기 권력으로 다스리며 내 백성은 그것을 좋게 여기니 마지막에는 너희가 어찌하려느냐 렘 5:30~31

예루살렘이 무너지기 불과 몇 년 전이었던 주전 590년. 절대다수의 사람들은 하나냐 같은 종교인들과 거짓 선지자들의 말을 믿었습니다. 그들의 말이 믿을 만해서 그런 것이 아니라 그들의 말을 믿고 싶었기에 그런 겁니다.

오늘도 다르지 않습니다. 이런 '유사한 다윗 언약'을 내세우며 열광하는 모습을 보게 됩니다. 소위 '국뽕'에 심취한 나머지 고아, 과부, 빈민, 약자들을 사회 밖으로 밀어내는 역사가 반복되고 있습니다. 우리가 다윗 언약에 열광한 대가로 '가나안' 성도를 양산한 것은 아닐까요? 우리가 '다니엘'을 외치지만 실제로는 '하나냐'의 얼굴을 하고 있는 것은 아닐까요? 하나님의 이름을 빙자한 가짜 언약은 바알과 맘몬의 또 다른 얼굴입니다.

교회와 부활의 의미

아슈르바니팔(Ashurbanipal)은 주전 669~631년에 아시리아 전성기를 일군 왕입니다. 그는 이집트를 침공했고, 아직 세력이 커지지 않은 바벨론까지 제어하며 화려한 문화와 막대한 부를 과시했습니다. 앞에서 잠깐 언급된 엄청난 장서를 보유한 니느웨 도서관도 아슈르바니팔이 건설한 겁니다.

아슈르바니팔은 부친 에살핫돈(Esarhaddon)이 주전 669년에 죽은 후 왕위를 넘겨받았습니다. 에살핫돈은 산헤립의 아들로서 이스라엘 지역에 혼혈 정책을 실시해서 '사마리아 사람'의 기원을 만든 인물입니다. 그의 아들인 아슈르바니팔은 아시리아의 마지막 전성기를 이끌었습니다. 성경에는 "존귀한 오스납발"(스 4:10)이라는 인물이 언급되는데

아슈르바니팔의 부조, 10관

그가 바로 아슈르바니팔입니다. 흥미로운 것은 그가 언제, 어디서 죽었는지 정확히 알지 못하며 그의 사후 아시리아가 갑자기 패망했다는 겁니다.

이미 하나님은 요나 선지자를 보내어 그 나라 사람들이 회개할 것을 촉구하셨습니다. 뒤에서 살펴보겠지만 주전 763년 6월 15일에 개기일식이 있었고, 이런 희귀한 자연 현상은 그들로 하여금 두려움에 떨게 만들었을 것으로 보입니다. 그렇지만 그들의 잔혹한 습성은 개선되지 않았고, 결국 나훔 선지자의 예언처럼 강력한 제국 아시리아는 멸망하고 말았습니다.

러시아의 대문호 톨스토이(Tolstoy)는 성경과 아시리아의 역사를 보면서 고민을 했던 것 같습니다. 그는 카잔대학교에서 법학 및 오리엔탈 언어를 공부했고, 역사를 탐독했기에 이런 사실을 모를 리 없었습니다. 그의 단편 〈아시리아의 왕 아사르하돈〉은 가상의 인물 에살핫

돈을 등장시켜, 그가 공포에 떠는 적국 사람들에 공감하며 결국 포로를 용서하고 풀어 준다는 이야기입니다. 물론 실제로 에살핫돈과 그의 아들 아슈르바니팔은 그렇게 하지 않았습니다.

톨스토이는 회심 이후 '부활'의 의미를 고민했던 작가였습니다. 적어도 그에게 부활이란 죽음 이후 어디론가 가는 '티켓' 따위가 아니었습니다. 그는 그리스도를 닮는 것이 기독교의 본질이며, 그리스도의 흔적이 없는 삶은 기독교를 팔아먹는 것에 불과하다고 말했습니다.

1893년에 톨스토이는『신의 나라는 네 안에 있다』를 써서 생명력을 잃은 러시아 정교회를 비판했습니다. 이 책의 부제를 "기독교는 신비의 종교가 아닌 새로운 생활의 이해다"라고 썼습니다. 그 결과 그는 러시아 정교회로부터 파문을 당했습니다. 1백 년 남짓이 지난 지금 돌아봅니다. 정말 파문당해야 할 대상은 '정통'이라고 자부했던 러시아 정교회일까요, 아니면 톨스토이일까요?

교회는 어떻게 '부활'을 드러낼 수 있을까요? 파문당한 톨스토이가 1899년에 출간한 책이『부활』입니다. 그는 부활이 용서와 사랑을 통한 그리스도의 흔적이지 내세의 어떤 장소가 아니라고 말합니다. 어쩌면 그리스도를 닮은 흔적 없이 '예수 천국, 불신 지옥'을 외친다면 우리 역시 사후 세계의 티켓을 팔다가 아시리아처럼 사라질지도 모릅니다.

『부활』의 메시지는 선명합니다. 부유한 귀족 네흘류도프는 젊은 날 까츄샤라는 여인과 잠시 사랑에 빠졌습니다. 네흘류도프에게 까츄샤는 잠깐 재미 삼아 만난 여인이지만, 그녀에게 네흘류도프는 인생 밑바닥으로 떨어지게 만든 장본인이었습니다. 결국 까츄샤는 모든 사람들이 업신여기는 창녀로 살아가게 되었습니다.

그러던 어느 날 네흘류도프가 배심원 자격으로 한 재판에 참석하게 되었습니다. 그곳에는 살인 사건에 연루되어 피고인으로 재판받는 까츄샤가 있었습니다. 억울한 누명으로 까츄샤는 혹독한 시베리아로 유형을 가게 되었고, 양심의 가책을 느낀 네흘류도프는 그녀 곁으로 따라가며 참회의 길을 선택하게 됩니다. 네흘류도프의 용서로 까츄샤는 마음속에 사랑을 느끼게 되었습니다. 이렇듯 진정한 부활이란 진심을 다한 용서, 그리스도를 닮은 마음, 그로부터 우러나오는 행실이라고 톨스토이는 말합니다.

반면 정통으로 자부하던 러시아 정교회에게 부활은 그저 죽은 후에 가는 특정한 장소에 불과했습니다. 그런 교회가 만든 종교적 관행은 정말 그리스도가 원하시는 것일까요? 이런 고민 속에서 톨스토이는 '부활'의 의미를 『부활』에서 써 내려가고 있습니다. 이것이 우리에게 필요한 부활의 의미가 아닐까요?

사제가 수없이 반복해서 이름을 불러 대고 온갖 기묘한 말로 찬양하던 예수가 실제로는 그곳에서 행해지는 모든 것을 금했다는 사실을 아는 사람은 사제나 교도소장, 마슬로바를 비롯해 예배에 참석한 모든 사람들 가운데 아무도 없었다. 예수는 사제라는 성직자가 빵과 포도주를 차려 놓고 무의미하고 불경한 주문을 늘어놓는 일을 금했다. 예수는 지금 여기서 행해지는 것처럼 사람들을 재판하고 투옥하고 괴롭히고 고문하고 처형하는 행위를 금했고, 타인에 대한 일체의 폭력을 금했으며, 자신은 죄인들을 해방시키기 위해 세상에 왔다고 말했던 것이다. (중략)

사제는 조금 전에 행했던 의식이 옛날부터 모든 성자들이 행해 온 유일하고도 신실한 종교 의식이라고 어릴 때부터 교육받았고, 지금도 교단과 교황청에서는 이와 똑같은 방식으로 의식을 거행했기 때문에 자기가 행하는 모든 일에 대해 양심의 가책 같은 것은 조금도 느끼지 않았다. 그는 빵 조각이 살로 변한다거나 장황한 설교가 영혼을 살찌게 한다거나 또 지금 자기가 먹은 것이 하나님의 살이라는 것을 실제로 믿지 않았고, 결코 믿을 수도 없었다. 그가 믿은 것은 그러한 신앙을 믿은 것이다. 그가 그러한 신앙에 확신을 갖게 된 중요한 이유는, 이런 종교 의식을 집행한 대가로 무려 18년 동안이나 또박또박 월급을 받았고, 그 돈으로 가족을 부양했으며, 아들을 중학교에, 딸을 신학교에 보낼 수 있었기 때문이다. 그는 교리의 본질은 완전히 잊어버린 채, 장례식이나 추모식이나 미사나 일반 기도나 찬송 기도의 대가로 독실한 기독교인이라면 기꺼이 헌납해야 하는 금액이 얼마인지의 문제나 기억하고 있었는데, 그래서 장작이나 밀가루나 감자 따위를 파는 장사꾼처럼 그 필요성을 은연 중에 확신하며 '자비를, 자비를'이라고 외치고 찬송가를 부르며 성경을 낭독했다.[18]

PART 2

바벨론의
수레바퀴
밑에서

이슈타르 게이트, 페르가몬박물관

우리는 Part 1에서 아시리아 시대를 배경으로 우상의 의미에 관해 살펴보았습니다. 하나님이 우상을 싫어하시는 이유가 무엇인지 알아보고, 하나님 나라에 대한 도전들을 하나님은 어떻게 응전하셔서 그의 백성을 새롭게 만들어 가셨는지 역사적인 흐름도 생각했습니다. 그런 맥락에서 보면 바벨론은 단순히 이스라엘을 침공했던 여러 나라 중 하나가 아니었습니다. 동화되어 가고 소명 의식을 상실한 하나님의 백성을 재창조하는 응전의 도구였습니다.

우리에게는 '포로'라는 말이 가혹하게 들릴지도 모릅니다. 그 단어 속에서 자유, 평화, 존중이 사라진 상태를 떠올리게 될 테니까요. 어쩌면 '포로'라는 말이 '노예'를 연상시킬지도 모르겠습니다. 그러나 역사를 살펴보면 놀라운 점을 발견하게 됩니다. 중세 교회의 암흑을 걷어 내고 종교개혁이 일어났고, 산업혁명의 삭막한 굴뚝을 통과하며 부흥운동과 주일학교가 탄생했기 때문입니다. 하나님을 향한 도전의 먹구름 뒤로 하나님 나라의 햇살을 보게 됩니다.

포로 기간 동안 바벨론은 포로로 잡혀 온 민족 중에서 유다에서 끌려온 사람들을 가리켜 '유대인'이라 불렀고, 다니엘은 그런 암흑의 시대에도 하나님이 세상을 이끌어 가신다는 '로드맵'을 느부갓네살의 꿈에서 보았습니다. 동시대를 살아가던 에스겔도 그 유명한 마른 뼈가 살아나는 하나님의 환상을 보았습니다.

독일 베를린의 페르가몬박물관에 소장된 '이슈타르 게이트'는 바벨론의 상징입니다. 고대 그리스 역사가 헤로도토스가 이슈타르 게이트는 3중으로 되어 있다고 기록했으니 실제로는 훨씬 더 높고 견고한 위압감을 주었을 겁니다. 이슈타르 게이트가 높은 만큼 바벨론의 신 마르둑은 전능하게 보였을 테고, 반대로 야훼는 무능하게 보였을 겁니다. 이런 시기에 하나님은 어떻게 다니엘과 그의 백성에게 자신의 존재를 드러내셨을까요?

바벨론, 세계를 정복하다

1온 땅의 언어가 하나요 말이 하나였더라 2이에 그들이 동방으로 옮기다가 시날 평지를 만나 거기 거류하며 3서로 말하되 자, 벽돌을 만들어 견고히 굽자 하고 이에 벽돌로 돌을 대신하며 역청으로 진흙을 대신하고 4또 말하되 자, 성읍과 탑을 건설하여 그 탑 꼭대기를 하늘에 닿게 하여 우리 이름을 내고 온 지면에 흩어짐을 면하자 하였더니

창 11:1-4

종교개혁 화가 피테르 브뢰헬(Pieter Bruegel)은 16세기 플랑드르 출신이었습니다. 같은 플랑드르 화가 히에로니무스 보스를 앞에서 살펴보았습니다. 바벨탑은 시날 평지에 있어야 하지만, 브뢰헬은 바벨탑을 플랑드르의 중심 도시 안트베르펜 한가운데에 그렸습니다. 이런 설정을 통해 그는 무엇을 말하고 싶었을까요?

안트베르펜은 『플란더즈의 개』의 무대가 된 도시입니다. '플란더즈'는 '플랑드르'의 영어식 표현입니다. 안트베르펜은 북해 무역의 중심 도시였습니다. 유럽 최초의 증권거래소가 생겼고, 북해에서 가장 큰 항구 도시로서 상업, 금융업, 무역업, 보험업 등이 발달했습니다. 그래서 각국에서는 공관이나 금융 사무소를 안트베르펜에 설치했고, 무역 회사들도 이곳에 직원을 파견했으니 길거리에서는 다양한 언어가 들렸을 겁니다.

창세기 10장을 보면 바벨탑은 니므롯과 연결되어 있으며 시날 평지에 세운 것으로 나옵니다. 하늘에 닿고, 흩어짐을 면하기 위해서 쌓아 올려서 하나님에게 도전하려는 의도였습니다. 벽돌과 역청을 발랐던 것은 홍수를 경험했던 기억을 토대로 한 저항이었습니다. 역청을 발라서 심판을 대비하려고 했습니다. 돌이 아닌 벽돌을 구웠다는 것

〈바벨탑〉 피테르 브뢰헬, 1563

은 산업과 기술을 조직적으로 갖추었음을 상징합니다. 하나님은 그들에게 응전하셨습니다. 언어를 혼란스럽게 하셨고, 체계적으로 도전하던 그들을 흩으셨습니다.

브뢰헬은 1563년에 〈바벨탑〉을 그렸습니다. 이 그림에서 자신의 서명을 꼭꼭 숨겨 놓았을 만큼 화가는 목숨을 걸고 자신의 신앙을 표현했습니다. 바벨탑의 기초 부분을 관찰하면 어디에서 본 듯한 느낌을 받습니다. 젊은 시절 그가 혈혈단신으로 알프스를 넘어서 방문했던 로마의 랜드마크 콜로세움을 바벨탑의 기초로 그렸습니다. 그가 종교개혁을 추종했기에 이런 대담한 시도를 할 수 있었습니다. 그렇지만 이 당시 로마 가톨릭의 서슬 퍼런 압제를 알았기에 가족들의 안위를 고려해서 이 그림을 폐기 처분하려고 했습니다.

브뢰헬은 바벨탑을 시날 평지가 아닌 상업과 금융이 발달한 안트베르펜 중앙에 그렸습니다. 안트베르펜은 종교개혁 중에서도 루터파가 아닌 칼뱅파를 지지했습니다. 그 이유는 루터파와 칼뱅파가 다른 교리를 갖고 있었기 때문입니다. 칼뱅파의 직업 소명설 '덕분'이었습니다. 당시 루터파나 로마 가톨릭은 '고리대금'이라는 이유로 금융업을 좋게 보지 않았습니다. 반면 칼뱅파는 직업 소명설을 통해 어떤 직업이든지 하나님의 소명이 있으므로 직업의 귀천이 있을 수 없다고 생각했습니다.

그렇다면 칼뱅파를 수용한 지역에서 금융업이 발달했다고 말할 수 있을까요? 오히려 그 반대입니다. 금융이 발달한 지역이 칼뱅파를 '선택'했다고 표현하는 것이 적절합니다. 칼뱅파를 중심으로 프로테스탄트 자본 윤리가 형성되고, 근검절약의 문화가 자리를 잡았습니다. 그러나 어느 사상이든 부작용이 있게 마련이듯, 수단과 방법을 가리지 않고 부를 축적하는 것이 하나님의 소명이라는 잘못된 생각도 독버섯처럼 확산되었습니다. 현대판 '다니엘'의 의미일까요?

결국 화가는 안트베르펜이 외형적으로 로마 가톨릭에 대항하며 칼뱅파를 선택했지만 그 내면에 바벨탑을 세워 가고 있음을 폭로하고 있습니다. 그 증거로 왼편 아랫부분의 사람들을 보면 탑의 건축을 지시하는 권력자와 그 주변에서 굽신거리는 무리들을 볼 수 있습니다. 권력자 주변에 알록달록한 옷의 색깔은 당시 플랑드르를 상징하는 색깔입니다. 성직자, 귀족, 사업가, 정치인들이 권력자 주변을 둘러싸고 있습니다.

그 앞에 무릎을 꿇고 굴복하고 있는 세 사람도 보입니다. 이들의 복장은 그 시대를 상징합니다. 검은 옷은 칼뱅파 성직자이고, 흰 옷은 루터파 성직자이며, 또 다른 한 사람은 화가 자신입니다. 어쩌면 우리의 신앙도 안트베르펜 한복판에 세운 바벨탑을 품고 있는 것은 아닐까요? 겉으로는 종교개혁을 외치지만 실제로는 우리의 내면도 이렇게 굴복하고 있는 것은 아닌지 생각해 봅니다.

아시리아를 넘어서 바벨론으로

이 책의 이름에 '수업'이라는 말을 붙인 이유는 머리를 싸매고 땅을 파서 그 속의 보화를 발견하자는 의도가 담겨 있습니다. 보화가 성경의 진의라면, 땅을 파는 행위는 그 시대를 파헤쳐서 살펴보는 겁니다. 다니엘 1장 1절은 이렇게 시작합니다.

유다 왕 여호야김이 다스린 지 삼 년이 되는 해에 바벨론 왕 느부갓네

살이 예루살렘에 이르러 성을 에워쌌더니 _단 1:1_

이 구절에 대한 역사적 맥락을 이해한다면 성경을 입체적으로 볼수 있을 겁니다. 여호야김, 삼 년, 바벨론, 느부갓네살, 예루살렘 포위 등을 키워드로 그 맥락을 이해해 보겠습니다. 아래 [표1], [표2]는 다니엘서와 관련된 흐름을 이해하는 데 도움을 줍니다. 이런 역사적 흐름과 미묘한 어휘들을 고려하면 다니엘서에 흐르는 정서를 느낄 수 있을 겁니다.

가능한 한 단순하게 다니엘 1장 1절의 시대를 표로 정리했습니다.

먼저 [표1]은 유다의 마지막 왕들을 이해할 수 있는 가계도입니다. 주전 621년에 성전에서 방치된 율법 두루마리를 발견한 요시야는 종교개혁을 일으켰습니다. 그러나 안타깝게도 그는 개혁을 완성하지 못

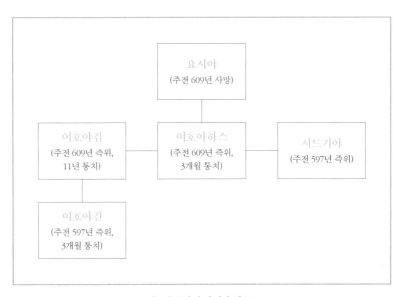

[표1] 유다의 마지막 왕들

연대 (주전)	유다의 왕	관련 내용	바벨론의 왕
621년	요시야	종교개혁, 예레미야와 하박국 활동	나보폴라사르 (626~605)
612년		바벨론의 니느웨 함락	나보폴라사르
609년	요시야 사망 여호아하스 즉위 후 포로 여호야김 즉위	1차 갈그미스 전투 므깃도 전투 아시리아 멸망	나보폴라사르
605년	여호야김	2차 갈그미스 전투 바벨론의 예루살렘 1차 침공 (다니엘과 세 친구 포로)	느부갓네살 즉위
602년	여호야김 저항	바벨론과 이집트 대결	느부갓네살
597년	여호야긴 즉위 후 포로 시드기야 즉위	바벨론의 예루살렘 2차 침공 (에스겔 포로)	느부갓네살
586년	시드기야 폐위 예루살렘 멸망	바벨론의 예루살렘 3차 침공 (예레미야 고난)	느부갓네살
562년		바벨론 통치	느부갓네살 사망
556년			나보니두스 즉위
539년		페르시아의 바벨론 정복	바벨론 멸망

[표2] 유다 말기 주요 사건

한 채 주전 609년에 목숨을 잃었습니다. 당시 바벨론은 티그리스-유프라테스 지역에서 세력을 확대하고 있었습니다. 이를 견제하기 위해 이집트 군대가 므깃도를 통과해 올라왔습니다. 요시야는 그 이집트 군대를 막아서다가 화살에 맞아서 죽음을 당했습니다.

백성들은 첫째 아들 여호야김 대신 그들이 신뢰하던 둘째 여호아하스를 왕으로 세웠습니다. 그러나 요시야를 죽인 이집트 왕은 유다에 영향력을 행사하고자 3개월 만에 여호아하스를 폐위시켜 이집트로 끌고 갔습니다. 대신 이집트의 심복이었던 여호야김을 꼭두각시 왕으로 세웠습니다. 여호야김이 주전 597년에 죽으면서 아들 여호야긴이 왕이 되었으나 이번에는 바벨론의 침공을 받아 포로로 끌려갔고, 결국 요시야의 아들 시드기야가 유다의 마지막 왕이 되었습니다.

[표2]는 이런 과정을 한눈에 보기 쉽도록 도표로 정리했습니다. 짙은 색으로 표시된 부분이 다니엘 1장 1절의 배경인 주전 605년에 있었던 사건입니다. 수고스럽지만 이런 흐름을 이해한다면 예레미야, 하박국, 다니엘, 에스겔이 어떤 시대를 살았고, 무엇을 말하려 했는지 발견하게 될 겁니다. 성경의 보화를 발견하기 위해 이 시대로 더 깊이 나아가 보겠습니다.

나보폴라사르의 등장과 국제 정세

나보폴라사르는 바벨론의 기틀을 다진 왕이었습니다. 당시 근동의 역사를 이해하기 위해서는 약간의 상식이 필요합니다. 역사적으로 바벨론은 크게 두 제국을 가리킵니다.

구바빌로니아 제국, 주전 1894~1595년(추정)
신바빌로니아 제국, 주전 626~539년

구바빌로니아는 그 유명한 '함무라비 법전'을 만들었던 함무라비 왕이 통치했던 나라입니다. 태양신 마르둑을 중심으로 고대 시대에 화려한 문명을 일으켰습니다. 대략 1천 년 가량이 지난 후에 등장한 바벨론을 가리켜 신바빌로니아라고 합니다. 이 나라가 성경에 등장하는 '바벨론'입니다. 나보폴라사르는 주전 626년부터 바벨론을 제국으로서 세워 가기 시작했습니다. 이 시기에 아시리아와 바벨론은 공존하고 있었는데 아시리아는 몰락해 가고 있었고, 바벨론은 신흥 강국으로 부상하기 시작했습니다.

대영박물관 공식 기록에 따르면 바벨론 연대기 유물은 주전 615년부터 609년까지의 역사를 언급하고 있습니다. 이 기록에서 요시야의 행적을 엿볼 수 있습니다.

> 그날에 이집트 파라오 느고(네코)가 아시리아 왕을 도우려고 유프라테스강까지 진군했다. 요시야 왕은 느고에 대항하기 위해 진군했다.[19]

이 사건은 성경에서도 언급됩니다.

바벨론 역사 기록, 55관

요시야 당시에 애굽의 왕 바로 느고가 앗수르 왕을 치고자 하여 유브라데 강으로 올라가므로 요시야 왕이 맞서 나갔더니 애굽 왕이 요시야를 므깃도에서 만났을 때에 죽인지라 왕하 23:29

요시야의 죽음으로 유다에 먹구름이 몰려왔습니다. 나라의 리더가 여호아하스에서 여호야김으로 바뀌며 열강들의 손길이 유다를 흔들었습니다. 정복자 바벨론의 공격도 점차 다가왔습니다. 부자들은 약자들을 괴롭혔고, 제사장들과 선지자들은 다윗 언약을 맹신하며 상황을 낙관적으로 바라봤습니다.

이런 시대에 떠오르는 인물이 하박국입니다. 아무리 유다가 악하다고 해도 어떻게 더 악한 바벨론이 자신들을 심판할 수 있는가 하고 하박국은 하나님께 항변했습니다. 예레미야가 경고했던 바벨론의 침공은 단순한 징벌이 아니라 세상 나라에 대한 하나님 나라의 응전의 계획이었으므로 결국 하박국은 감사할 수 있었습니다.

느부갓네살의 즉위

주전 605년은 바벨론의 정권 교체가 이루어진 시점입니다. 이 시기는 드디어 바벨론이 예루살렘을 침공하기 시작한 순간이므로 다니엘과 직접적인 관련이 있는 시기입니다. 대영박물관 55관 15번 진열장에는 느부갓네살의 전쟁 기록이 전시되어 있습니다.

이 기록은 주전 605년부터 595년 사이의 바벨론 역사가 담겨 있습니다. 앞의 [표2]를 보면 바벨론은 10년 동안 두 차례 예루살렘을 침공했습니다. 이 기록에는 주전 605년에 1차로 예루살렘을 침공한 내용이 소개되어 있습니다.

느부갓네살 전쟁 기록, 55관

아카드 왕 나보폴라사르 제21년, 왕이 자신의 땅에 있을 때에 왕위 계
승자인 그의 장남 느부갓네살이 사령관이 되어 군대를 소집했다. 그
는 이집트를 쳐서 부서뜨림으로 다시는 그들이 일어날 수 없도록 갈
그미스로 진군했다. 바벨론 군대는 그들을 덮쳐 부수어 버렸다. 이와
동시에 느부갓네살은 하티 지역의 모든 나라들을 점령했다. [20)]

이 기록은 나보폴라사르 재위 21년으로 언급됩니다. 그가 주전
626년에 즉위했으니 주전 605년이 되는 셈입니다. 그의 아들 느부갓
네살은 2차 갈그미스 전투를 통해 이집트를 무너뜨리고 '하티(Hatti)' 즉
가나안의 나라들을 점령했습니다.

바로 이 시기에 느부갓네살이 예루살렘을 침공했습니다. 나보폴
라사르가 주전 605년에 죽자 느부갓네살은 왕위 계승을 위해 본국으
로 회군해서 9월 7일에 바벨론의 왕으로 즉위했습니다. 당시 유다의
왕 여호야김은 친이집트 성향이었으므로 느부갓네살은 유다뿐 아니
라 다른 가나안의 국가들도 친바벨론으로 돌려놓아야 했습니다. 그래
서 왕족과 귀족의 자녀들을 인질로 잡아갔습니다. 이 상황을 역대하
와 다니엘의 기록을 비교해서 살펴보면 다음과 같습니다.

5여호야김이 왕위에 오를 때에 나이가 이십오 세라 예루살렘에서 십
일 년 동안 다스리며 그의 하나님 여호와 보시기에 악을 행하였더라
6바벨론 왕 느부갓네살이 올라와서 그를 치고 그를 쇠사슬로 결박하
여 바벨론으로 잡아가고 7느부갓네살이 또 여호와의 전 기구들을 바
벨론으로 가져다가 바벨론에 있는 자기 신당에 두었더라 대하 36:5~7

주께서 유다 왕 여호야김과 하나님의 전 그릇 얼마를 그의 손에 넘기시매 그가 그것을 가지고 시날 땅 자기 신들의 신전에 가져다가 그 신들의 보물 창고에 두었더라 단 1:2

역대하 36장의 "쇠사슬로 결박하여"라는 기록을 두고 실제로 느부갓네살이 여호야김을 바벨론으로 잡아간 것인지 아니면 지배 아래 두었다는 것의 우회적 표현인지는 학자들마다 이견이 있습니다. 하지만 느부갓네살이 왕위 계승을 위한 개선식을 진행했다고 보았을 때 여호야김을 실제로 잡아간 것으로 볼 수 있습니다.

다니엘과 세 친구, 마르둑 신에게

느부갓네살은 과거에 세상 나라들이 그랬던 것처럼 하나님 나라에 도전합니다. 그는 예루살렘 정복을 정치적인 의미를 넘어 종교적으로 확대합니다. 예루살렘 성전에서 탈취한 성전 기물을 시날 땅에 있는 바벨론 신전에 바쳤습니다. 고대는 신들의 전쟁이라는 인식 때문입니다. 그는 바벨론 신전에 전리품을 봉헌합니다(단 1:2). 시날 평지는 오래전 니므롯이 바벨탑을 세운 장소로 알려져 있습니다. 현대인들은 '바벨탑'을 신화에 등장하는 건축물로 여기지만 성경은 바벨론과 바벨탑을 이렇게 연결시킵니다.

55관에서는 느부갓네살의 흔적들과 함께 오래전의 바벨탑을 표현한 그림을 볼 수 있습니다. 바벨론 지역에서 출토된 느부갓네살과 관련된 유물에서 놀라운 장면을 희미하게나마 볼 수 있습니다.

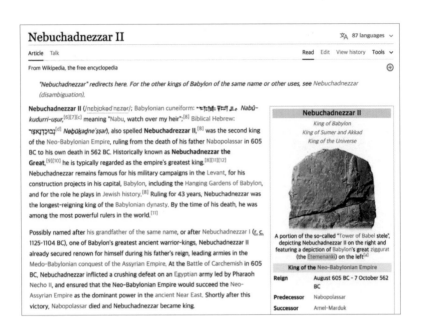

Nebuchadnezzar II

Article Talk   Read Edit View history Tools

From Wikipedia, the free encyclopedia

"Nebuchadnezzar" redirects here. For the other kings of Babylon of the same name or other uses, see Nebuchadnezzar (disambiguation).

Nebuchadnezzar II (/nɛbjʊkədˈnɛzər/; Babylonian cuneiform: 𒀭𒉺𒂅𒈬𒌑𒊬 *Nabû-kudurri-uṣur*,[6][7][c] meaning "Nabu, watch over my heir";[8] Biblical Hebrew: נְבוּכַדְנֶאצַּר[d] *Nəḇūḵaḏneʾṣṣar*), also spelled **Nebuchadrezzar II**,[8] was the second king of the Neo-Babylonian Empire, ruling from the death of his father Nabopolassar in 605 BC to his own death in 562 BC. Historically known as **Nebuchadnezzar the Great**,[9][10] he is typically regarded as the empire's greatest king.[8][11][12] Nebuchadnezzar remains famous for his military campaigns in the Levant, for his construction projects in his capital, Babylon, including the Hanging Gardens of Babylon, and for the role he plays in Jewish history.[8] Ruling for 43 years, Nebuchadnezzar was the longest-reigning king of the Babylonian dynasty. By the time of his death, he was among the most powerful rulers in the world.[11]

Possibly named after his grandfather of the same name, or after Nebuchadnezzar I (r. c. 1125–1104 BC), one of Babylon's greatest ancient warrior-kings, Nebuchadnezzar II already secured renown for himself during his father's reign, leading armies in the Medo-Babylonian conquest of the Assyrian Empire. At the Battle of Carchemish in 605 BC, Nebuchadnezzar inflicted a crushing defeat on an Egyptian army led by Pharaoh Necho II, and ensured that the Neo-Babylonian Empire would succeed the Neo-Assyrian Empire as the dominant power in the ancient Near East. Shortly after this victory, Nabopolassar died and Nebuchadnezzar became king.

Nebuchadnezzar II

King of Babylon
King of Sumer and Akkad
King of the Universe

A portion of the so-called "Tower of Babel stele", depicting Nebuchadnezzar II on the right and featuring a depiction of Babylon's great ziggurat (the Etemenanki) on the left[a]

King of the Neo-Babylonian Empire

Reign	August 605 BC – 7 October 562 BC
Predecessor	Nabopolassar
Successor	Amel-Marduk

느부갓네살과 그 앞의 바벨탑, 위키피디아

느부갓네살의 옆모습이 새겨져 있고, 그 뒤에 있는 거대한 건물도 희미하게 식별할 수 있습니다. 그 당시 바벨론 사람들은 바벨탑의 존재는 물론 흔적을 알고 있었던 것으로 보입니다. 고고학 연구로 출토된 내용에 따르면 '하늘과 땅을 이어 주는 신전(Etemenanki)'으로서의 지구라트가 메소포타미아에 있었고, 그런 신전들 중 대표적인 것을 바벨탑으로 인식했을 것이라 짐작할 수 있습니다. 이 지역을 방문했던 고대 역사가 헤로도토스는 이렇게 기록합니다.

도시의 한 구역 중앙에는 높고 튼튼한 담으로 둘러싸인 왕궁이 있고, 다른 구역의 중앙에는 청동 문이 달린 신전이 있었다. 중앙에는 높이와 너비가 같은 견고한 탑이 세워졌고, 그 위에 또 탑이 세워지는 식으로 8층 탑이 세워져 있었다. 그 바깥에는 나선형 계단을 통해 전 층의 탑에 오를 수 있었고 맨 마지막 탑에는 큰 신전이 있었다. [21]

바벨론에서는 이런 지구라트를 건설했는데, 그것 자체가 바벨탑은 아니지만 바벨탑의 흔적과 기억을 통해 이런 신전을 지었던 것으로 보입니다. 주후 1세기 유대 역사가 요세푸스 역시 이 건축물을 두고 다음과 같이 기록합니다.

> 군중들은 하나님께 순종하는 것은 비겁한 행위라고 생각하고 선뜻 니므롯의 결정을 따르기로 결심했다. (중략) 그들이 탑을 쌓은 장소는 전에는 알아들었던 언어가 혼잡했기 때문에 현재 바벨론(Babylon)이라고 불린다. 왜냐하면 히브리어로 '바벨(Babel)'은 '혼잡'을 의미하기 때문이다. [22]

요세푸스는 여러 전승들을 종합하며, 다니엘 시대의 바벨론을 고대로부터 바벨탑의 기억을 이어 가는 존재로 보았습니다. '바벨'이라는 말은 히브리어에서 기원되었다고 하는데, 바벨론에서도 히브리어 어원을 나라의 명칭으로 사용하고 있다는 점, 그리고 바벨탑이 그들의 신을 위한 지구라트로서의 신전이었지만 요세푸스는 성경의 관점처럼 하나님께 순종하지 않을 의도가 바탕이 되었다고 기록하는 점이 흥미롭습니다. 그렇다면 하나님은 이에 어떻게 응전하셨을까요?

바벨론은 고대 역사의 터 위에 세운 문명의 총체입니다. 바벨론 문명의 '바벨론 공중정원'은 이집트 문명의 피라미드와 함께 고대 7대 불가사의로 알려져 있습니다. 수백만 개의 돌덩어리가 정확하게 일정한

규격으로 쌓아 올라간 규모와 내부의 설계, 정확한 각도 등 이집트 피라미드를 보면 거기에 집약된 문명의 수준에 놀라게 됩니다. 어떻게 6백만 톤의 돌들을 8백 킬로미터가 넘는 거리를 가져와 사막 한복판에 쌓을 수 있었는지는 인간의 상식을 뛰어넘는 불가사의입니다. 이에 버금가는 기술과 권력, 문명의 결과가 바벨론 공중정원이며, 이것을 건축한 인물이 느부갓네살입니다.

위키피디아 백과사전에는 바벨론 공중정원에 대한 간단한 설명이 나와 있습니다. 이 그림은 19세기에 땅 밑에서 발굴된 유물을 토대로 그린 바벨론 공중정원의 상상도인데, 그 뒤에 바벨탑의 흔적도 보입니다. 이 바벨론 공중정원의 유래는 바벨론의 흥망과 관련된 중요한 사안입니다. 느부갓네살이 어떻게 공중정원을 만들었는가에 대한 정보 차원이 아니라 바벨론이 어떤 종교관을 갖고 있었는지, 이후 벨사살 왕 때에 바벨론이 어떻게 멸망했는지를 이해하는 실마리를 제공합니다.

앞에서 다룬 바벨론 연대기에 나오는 '바벨론 역사 기록(The Babylonian Chronicle and the fall of Niveneh)'은 이렇습니다. 느부갓네살의 선왕 나보폴라사르는 주전 614년 아시리아를 무너뜨리기 위해 메디아(Medes)의 왕 키약사레스(Cyaxares)와 연합했습니다. 둘은 '타도 아시리아'라는

바벨론 공중정원, 위키피디아

공동의 목표를 이루기 위해 조약을 체결했는데, 그 방법은 정략결혼이었습니다. 그렇게 나보폴라사르의 아들 느부갓네살과 키약사레스의 손녀가 결혼했고, 힘을 합쳐서 주전 612년에 아시리아의 니느

웨를 협공했습니다. 느부갓 네살이 즉위한 후에도 메디아 출신 아내는 바벨론에 거주했지만, 고향의 자연을 그리워했습니다. 아내를 위해 느부갓네살은 거대한 정원을 건설했습니다. 그것이 바벨론 공중정원입니다.

공중정원 건립 기록, 56관

이집트가 독자적 기술력으로 피라미드를 만들었다면, 바벨론의 공중정원은 고대 메소포타미아로부터 축적된 문명의 결과물이었습니다. 55관 옆의 56관 메소포타미아관에서는 바벨론보다 무려 2천 년 앞선 기하학의 흔적을 볼 수 있습니다. 고대 메소포타미아 문명은 인류 최초로 문자를 고안했고, 길가메시 서사시를 탄생시켰으며, 그 바탕 위에 있었던 구바빌로니아는 고대의 성문법인 함무라비 법전을 만들었습니다.

당시 메소포타미아의 천문학은 상당한 수준에 이르렀는데, 들에서 양을 치는 목동들도 별을 보며 날씨와 방향, 생활 정보를 예측했다고 알려져 있습니다. 이 메소포타미아의 천문학 정보가 1천 년 넘게 축적된 것이 바로 바벨론의 천문학과 점성술입니다.

55관 중앙에서 바벨론의 세계관을 이해할 수 있는 천문학 관련 유물을 볼 수 있습니다. 이런 지식이 지중해를 건너 그리스 사람들에게로 전파되어 별자리 이야기가 탄생되었으니 바벨론의 천문학은 오늘날로 비유하면 빅데이터나 다름없습니다.

이렇게 비유해 볼 수 있습니다. 중국에서 수천 년의 시간과 경험이

바벨론 천문학 유물, 55관

축적되어 역법이 만들어지고 그것으로 운명을 예측해서 삶의 지침으로 삼았는데, 그런 고대의 문자, 지식, 경험은 그 자체가 권력이고 돈이며 무기였습니다. 그래서 통치자들은 이것을 공개하지 않고 독점했습니다.

참고로 고대 그리스 철학의 아버지 탈레스(Thales)도 천문학 지식을 통해 농사 결과를 예측해서 엄청난 부를 얻게 되었습니다. 심지어 그는 주전 585년 5월 28일에 있을 개기일식을 정확히 예언했습니다. 역사가들은 탈레스가 일식을 예언할 수 있었던 것은 바벨론의 천문학 정보를 참고했기 때문이라고 말합니다.

그렇다면 다니엘서에 등장하는 박수, 술사들은 무속 신앙과 관련된 무속인들이 아니라 바벨론 최고의 지식인들인 셈입니다. 그들이 가진 정보는 권력이었고 돈이었을 겁니다. 이런 바벨론 제국의 정점에 위치했던 존재가 태양신 마르둑입니다. 이 마르둑 앞에 봉헌된 것은 예루살렘 성전의 그릇들만이 아니었습니다.

다니엘과 세 친구는 바벨론 환관장의 손에 넘겨집니다(단 1:3). 어쩌면 '환관(Eunuch)'이란 단어를 보고 우리나라 사극의 내시를 떠올릴지도 모르겠습니다. 그러나 고대 시대로 거슬러 올라가면 환관은 권력에 특화된 고위 관리들입니다. 고대 중국의 역사를 보더라도 '십상시(十常侍)'라는 말은 권력을 장악했던 열 명의 환관을 지칭했습니다. 즉 다니엘은 고위 관리의 손에 넘겨졌고, 바벨론 신들에게 봉헌되어 문명의

세뇌를 받고 있었습니다. 예
레미야는 바벨론 환관의 실명
을 언급합니다.

'살스킴'의 실명이 새겨진 유물, 55관

바벨론의 왕의 모든 고관
이 나타나 중문에 앉으
니 곧 네르갈사레셀과 삼
갈네부와 내시장 살스김
이니 네르갈사레셀은 궁중 장관이며 바벨론의 왕의 나머지 고관들도
있더라 렘 39:3

55관에는 여기 나오는 환관장 '살스김(Sarsechim)'의 실명이 쐐기문
자로 새겨진 유물이 전시되어 있습니다. 대영박물관에서 이 전시물을
소개하는 설명에도 예레미야 39장에 나오는 인물과 동일 이름이라고
나옵니다. 다니엘과 세 친구는 실제로 마르둑 신에게 봉헌되어 문명
에 동화되도록 강요받았습니다. 그 구체적인 내용은 이렇습니다.

6그들 가운데는 유다 자손 곧 다니엘과 하나냐와 미사엘과 아사랴가
있었더니 7환관장이 그들의 이름을 고쳐 다니엘은 벨드사살이라 하
고 하나냐는 사드락이라 하고 미사엘은 메삭이라 하고 아사랴는 아
벳느고라 하였더라 단 1:6-7

이렇게 다니엘과 세 친구가 강제로 개명을 하게 됩니다. 사람의 이
름을 스스로 지을 수 없고, 이름이 그 사람의 운명을 암시하는 도구라

유다식 이름과 뜻	바벨론식 이름과 뜻
다니엘: 하나님은 심판자이시다.	벨드사살: 벨이 그를 보호하리라.
하나냐: 여호와는 은혜로우시다.	사드락: 달(月)신 아쿠의 명령이다.
미사엘: 누가 하나님과 같은가.	메삭: 누가 아쿠와 같은가.
아사랴: 여호와께서 도우셨다.	아벳느고: 느고 신의 종이다.

[표3] 다니엘과 세 친구의 이름들

면, 바벨론이 유다 소년들의 이름을 바꾼 의미도 짐작해 볼 수 있습니다. 즉 그들을 바벨론 사람으로 완전히 동화시키려 한 겁니다.

위의 내용을 보면 하나님에 대한 신앙을 제거하고 바벨론의 방식으로 세뇌하려는 의도가 분명하게 드러납니다. 다니엘서는 평범한 한 소년이 바벨론에 끌려간 후 살아남아 성공한 무용담을 전하려는 기록이 아닙니다. 우리를 향한 세상 나라와 하나님 나라의 투쟁을 보여 주는 대결의 말씀입니다. 나아가 현대인들에게 세계관을 바꾸도록 끊임없이 강요하는 대중 매체, 소셜 미디어, 언론, 광고 등의 도전에 어떻게 대응할 것인지 지침을 알려 주는 말씀이기도 합니다. 하나님은 이런 바벨론 제국 속에서 볼품없는 소년들을 통해 어떤 응전을 하셨을까요?

바벨탑이라는 수레바퀴 아래서

이번 강의를 시작하며 피테르 브뢰헬의 〈바벨탑〉이라는 작품을 살펴보았습니다. 종교개혁 화가 브뢰헬은 가톨릭에 목숨을 걸고 저항하면서, 동시에 맘몬 앞에 굴복한 루터파와 칼뱅파 그리고 개신교를 받아들인 기독교 사회를 향해 경고하고 있습니다.

이 구도는 자연스레 '바벨론'이라는 문명 앞에서 '마르둑'의 세상을 살아가던 유다 소년들을 떠오르게 합니다. 무엇이 이 소년들로 하여금 이곳에 끌려와서 이름을 개명당하고 세뇌를 받게 했을까요? 왜 무고한 소년들이 고통을 받아야 했을까요?

이 부분을 이야기하기 위해 앞의 Part 1에서 긴 내용을 다루었습니다. 당시 예루살렘의 종교인들과 이스라엘 백성들은 '우상'을 섬기며 모두 맘몬 앞에 굴복하고 있었음을 살펴보았습니다. 그들이 율법과 안식일, 할례를 지키는 것과 무관하게 그들은 삶 속에서 '바벨탑' 앞에 굴종하고 있었습니다.

이것을 생각하면 헤르만 헤세(Hermann Hesse)의『수레바퀴 아래서』가 떠오릅니다. 헤르만 헤세는 종교개혁의 후예였던 독실한 독일 개신교 가정에서 태어났습니다. 외조부는 인도 선교사였을 만큼 그는 전형적인 신앙의 가문에서 자랐습니다. 그러나 공감 없는 강압적인 방식으로 신앙을 강요하는 부모님과 교회, 학교라는 '수레바퀴' 아래에서 신음하다가 결국 기독교 신앙마저 포기하는 작가가 되었습니다.

헤세는 독일 전역에서 소수만 진학할 수 있는 '마울브론(Maulbronn)' 신학교에 입학했습니다. 우리나라로 치면 특목고에 해당합니다. 그러나 그는 그 세계 속에서 염증을 느끼고 자퇴를 한 후 작가의 길을 걷게 되었습니다.『수레바퀴 아래서』는 그런 그의 자전적인 작품입니다. 주인공 한스 기벤라트는 헤세의 분신입니다. '기독교인'들이었던 가족, 교장, 목사 같은 인물들은 더 좋은 학교, 더 나은 성공을 추구하며 한스 기벤라트를 수레바퀴 아래로 몰아넣었습니다. 특목고에 진학하리라 생각했던 목사는 한스에게 큰 기대를 걸었습니다. 그는 목회자이자 학자였습니다. 한스가 경험한 목사는 이랬습니다.

> 신앙심은 이 서재에서는 찾아볼 수가 없었다. 어쩌면 수많은 현대적인 작품들 속에 자취를 감추었는지도 모른다. 말하자면 잡지 다발들, 높은 책상, 서류들이 흩어져 있는 커다란 책상, 이 모든 것들에서 학자다운 엄숙함을 엿볼 수 있었다. 이곳에서 열심히 공부를 하고 있다는 인상이 풍겼으며, 실제로도 이곳에서 열심히 공부를 하기도 했다. 물론 설교와 교리문답과 성서 강의 등을 위해서보다는 학술 잡지를 위한 연구와 논문, 자신의 저서를 위한 연구를 위해서였다. 몽상적인 신비주의와 예시를 위한 명상 따위는 이곳에서는 추방되었다. 과학의 심연을 초월한 사랑과 동정심으로 목마른 사람들의 마음을 어루만져 주는 소박하고 감상적인 신학도 추방되었다. 그 대신에 이곳에는 성서에 대한 비판이 이루어지며, '역사상의 그리스도'를 추구하였다. 역사상의 그리스도는 근대 신학자들에 의해 입이 닳도록 논쟁을 거듭하고 있지만, 덫을 피해 도망치는 산토끼처럼 쉽게 잡을 수가 없었다. [23]

한스의 진학을 기대했던 인물들과 달리 진심으로 한스를 아끼는 유일한 사람은 구둣방의 플라이크 아저씨뿐이었습니다. 결국 '수레바퀴'의 무거운 짐을 견디지 못하고, 자퇴해서 돌아온 한스에게 진심으로 대해 준 사람 역시 플라이크 씨가 유일했습니다. 절망을 향해 한 걸음씩 다가가는 한스는 헤르만 헤세 자신의 모습이 아니었을까요? 우리는 이 시대에 무엇을 추구해야 할지 고민해 봅니다.

목사님이 조금만 한스에게 신경을 써 주었다면 좋았겠지만, 대체 무얼 해야 좋단 말인가? 그가 할 수 있는 일, 다시 말해 학문이나 학문에 대한 탐구심을 한때는 소년에게 아낌없이 쏟아부었다. 그러나 그 이상의 것을 목사에게는 기대할 수 없었다. 그는 누군가 자신의 라틴어 실력에 대해 근거 있는 의문을 품는 것을 용납하지 않았다. 그의 설교는 사람들이 친숙한 성경에서 나오지 않았다. 또한 모든 고민에 대하여 친절한 눈길과 상냥한 말로 대해 줘서, 불행한 사람들이 달려가 상담을 할 수 있는 목사도 아니었다.

때문에 한스는 버림받고 따돌림받고 있다는 심정으로 작은 정원에 앉아 따사로운 햇볕을 쬐거나, 숲속에서 뒹굴며 몽상이나 고뇌에 빠져 있었다. 독서는 아무런 도움도 되지 않았다. 책을 펴기만 하면 반드시 두통이 일어났다. 어떤 책을 펼치든 순식간에 수도원 시절과 그곳에서의 힘들었던 생각들이 유령처럼 되살아나, 그를 숨 막히는 악몽으로 내몰고 이글거리는 눈길로 한스를 그곳에 얽어매었다. [24)]

결국 한스는 싸늘한 주검이 되었습니다. 한스의 장례식에 참석한 많은 사람들을 가리키며 천대받던 구둣방 주인 플라이크 씨가 "저기 가는 인간들도 이 아이가 이렇게 되는 데 일조를 한 셈이죠"라고 한 말에서 우리 주변 가나안 성도들이 떠오릅니다.

5강
바벨론의 흥망

왕이 또 말하여 이르되 내가 보니 결박되지 아니한 네 사람이 불 가운
데로 다니는데 상하지도 아니하였고 그 넷째의 모양은 신들의 아들
과 같도다 하고 단 3:25

청교도 문학가이자 예술가였던 윌리엄 블레이크(William Blake)는 영
국의 산업혁명이 한창 진행 중이던 1757년에 태어나서 1827년에 세상
을 떠났습니다. 청교도였기에, 『천로역정』의 저자 존 번연(John Bunyan)
이나 『로빈슨 크루소』의 저자 다니엘 디포와 나란히 런던 번힐 필드
(Bunhill Fields)에 잠들어 있습니다.

윌리엄 블레이크는 산업혁명 당시 물질문명에 동화된 생명력 없는
영국 교회를 비판하며, 영성을 강조한 작가였습니다. 블레이크는 다니
엘서에서 영감을 받아서 느부갓네살 왕과 관련된 그림을 수채화는 물
론 여러 판화로도 그렸습니다. 그만큼 블레이크가 살던 시대에 다니
엘서가 주는 임팩트는 무척 컸습니다.

느부갓네살은 세계에서 가장 강력한 군주였습니다. 그런데 그런
왕이 7년간 들짐승처럼 살았다는 내용이 다니엘 4장에 나옵니다. 세
계를 호령하던 인물이 하루아침에 비참하게 되었습니다. 바로 다니엘
의 예언처럼 말이지요. 블레이크는 이 사건을 해석하여 세계를 장악하
던 영국의 교만함을 폭로하고 있습니다. 그의 시 〈예루살렘〉의 한 부
분은 아래와 같습니다.

And did the Countenance Divine,
거룩하신 하나님의 얼굴이,
Shine forth upon our clouded hills?

〈느부갓네살〉 윌리엄 블레이크, 1795

우리들의 구름 낀 언덕을 비추셨는가?

And was Jerusalem builded here,

예루살렘이 이 땅 위,

Among these dark Satanic Mills?

이 어두운 사탄의 방앗간들 속에 세워졌던가?

이 시를 쓴 윌리엄 블레이크는 〈느부갓네살〉을 그렸습니다. 그는 청교도로서 문학과 예술에 탁월한 흔적을 남겼습니다. 블레이크의 시 〈예루살렘〉은 그림 〈느부갓네살〉을 이해하는 실마리를 줍니다. 블레이크의 시에서 '예루살렘'은 팔레스타인 땅의 지형적 예루살렘이 아니라 지금 우리가 살아가는 현실이며, 하나님 나라의 상징입니다. 그런데 그 공간에 산업혁명의 물결이 뒤덮였으며, "사탄의 방앗간들"이 세워져 있습니다.

블레이크의 그림을 보면 느부갓네살은 짐승처럼 변해서 비참한 상태가 되었습니다. 다니엘서 4장의 내용처럼 말이지요. 느부갓네살은 7년간 짐승처럼 변하리라는 예언을 들었는데, 그것은 하나님이 의도하신 계획이며 그대로 이루어졌습니다(단 4:32~33). 블레이크는 느부갓네살의 7년을 개인적 차원을 넘어 산업혁명 시대로 확장합니다. 많은 사람들이 기계 문명으로 인해 짐승처럼 비참한 상태로 전락하는 현실을 꼬집었습니다. 실제로 당시 도시 빈민들은 16시간 이상 중노동에 동원되었고, 인간의 존엄성과는 거리가 먼 기계 부품으로 살아가야 했습니다. 심지어 어린아이들도 16시간 이상 노동을 해야 했기에 의회에서는 노동법을 개정해야 한다는 목소리가 있을 정도였습니다.

이런 시기에 블레이크는 '사탄의 방앗간'을 제거해야 한다고 주장하지 않았습니다. 바다 건너 프랑스에서는 혁명이 일어났고, 사탄의 방앗간을 부수고 없애는 방식으로 표출됐다면, 블레이크는 이렇게 표현했습니다.

> I will not cease from Mental Fight
> 영국의 푸르고 정겨운 땅에
> Till we have built Jerusalem
> 우리가 예루살렘을 세울 때까지
> In Englands green & pleasant Land.
> 나는 영적인 투쟁을 멈추지 않으리라.

이것이 블레이크가 그 사회에 외친 주장이었습니다. 그리고 이 시 아래에 블레이크는 이런 성경 구절을 인용했습니다.

> 여호와께서 그의 영을 그의 모든 백성에게 주사 다 선지자가 되게 하시기를 원하노라 민 11:29

느부갓네살과 메소포타미아 문명

다니엘서는 수많은 역사 기록을 담고 있습니다. 대영박물관은 우리를 그 시대로 안내합니다.

나보폴라사르와 관련된 역사 문서에

나보폴라사르 역사 문서, 55판

연대	바벨론의 왕
626년	나보폴라사르
605년	느부갓네살
562년	아멜 마르둑
556년	네리글리사르, 라바쉬 마르둑
556년	나보니두스
539년	페르시아의 침공(고레스), 바벨론 멸망

[표4] 바벨론의 왕들

는 이런 내용이 언급되어 있습니다. 나보폴라사르는 메디아와 연합해서 아시리아를 무너뜨렸고, 이집트에도 지배권을 행사하려고 했습니다. 그래서 나보폴라사르의 아들 느부갓네살은 이집트를 정복하기 위해서 레반트 지역을 침공했습니다. 주전 605년의 일입니다.

그런데 주전 605년에 나보폴라사르가 사망하면서, 이집트로 원정을 떠났던 느부갓네살은 왕위를 받기 위해서 본국으로 회군을 했습니다. 이때 유다의 왕족과 귀족 자제들을 인질로 삼아서 바벨론에 포로로 잡아갑니다(단 1:3~4). 이 무리에는 다니엘과 세 친구들도 포함되어 있었습니다. 바벨론의 의도는 명확합니다. 인질들을 포로로 잡아감으로써 유다를 친이집트 국가에서 친바벨론 국가로 돌려놓으려는 것이었습니다.

그러나 3년 후 유다 왕 여호야김은 다시 이집트를 의지하게 되었고, 느부갓네살은 주전 597년에 여호야김의 아들 여호야긴을 바벨론으로 잡아갑니다. 이것이 바벨론의 2차 침공입니다. 그리고 주전 586

느부갓네살에 관해 설명하는 전시물, 55관

고대 창조/홍수 설화(왼쪽)와 함무라비 법전(오른쪽), 56관

년 마침내 예루살렘은 완전히 함락되었습니다.

주전 605년 왕위에 올라 바벨론의 최전성기를 이끈 인물이 바로 느부갓네살 왕이었습니다. 대영박물관 55관에서는 그의 이름과 관련된 선명한 흔적들을 많이 볼 수 있습니다. 앞에서 살펴보았듯이, 느부갓네살은 고대 7대 불가사의 중 하나였던 바벨론 공중정원을 건설할 만큼 권력을 가진 군주였습니다. 그러나 왕의 권력이 강했다는 것만으로 바벨론의 문명을 설명하기에는 부족함이 있습니다.

56관 메소포타미아 전시관에는 구바빌로니아 시대의 유물들이 자리하고 있습니다. 문학, 법전, 기하학, 천문학 등 고대에 꽃을 피운 엄청난 유물들입니다. 특히 함무라비 법전, 길가메시 서사시, 홍수 설화는 물론이거니와 구바빌로니아의 문명 대부분을 흡수한 신바빌로니아는 역사상 아주 강력한 제국을 건설했습니다. 느부갓네살은 56관의 메소포타미아 문명을 55관에서 꽃피운 셈입니다.

새로운 제국을 건설한 느부갓네살과 바벨론 사제들은 태양신 마르둑을 중심으로 건국 이념을 확립했습니다. 따라서 다니엘서에 등장하는 바벨론의 박수, 술객, 무당 같은 이들은 단순한 무속인이 아니라 당대 최고의 지식인이자 학자들이었습니다.

바벨론에 드러난 하나님의 아들

느부갓네살과 관련된 바벨탑의 흔적을 볼 수 있는 것은 그가 옛 바벨탑의 영광을 재현하려는 의도를 갖고 있었다는 의미입니다. 그는 태양신 마르둑을 중심으로 제국의 문명과 권력을 강화하기 위한 정책을

펼습니다. 하나의 종교를 중심으로 거
대한 신전과 신상을 세우고 백성들에
게 그 신을 숭배하도록 강요했습니다.
다니엘 3장에서 신상에게 절하라는 기
록은 이런 배경 아래서 읽어야 합니다.
국가 정책을 확립하기 위한 정치적 요
구였던 겁니다.

바벨탑 그림, 55관

　다니엘의 세 친구는 이런 하나님을
향한 도전에 저항하며 마르둑에게 복
종하기를 거부했습니다. 그 결과로 '풀
무 불'에 들어가게 되었습니다. 풀무
불은 금속을 제련하기 위한 용광로를 말합니다. 바벨론은 용광로에서
찬란한 바벨론 문명을 주조했을 겁니다. 문명의 불구덩이는 어떤 금
속도 녹일 수 있었지만, 하나님의 자녀들은 삼킬 수 없었습니다.

> 24그때에 느부갓네살 왕이 놀라 급히 일어나서 모사들에게 물어 이르
> 되 우리가 결박하여 불 가운데에 던진 자는 세 사람이 아니었느냐 하
> 니 그들이 왕에게 대답하여 이르되 왕이여 옳소이다 하더라 25왕이
> 또 말하여 이르되 내가 보니 결박되지 아니한 네 사람이 불 가운데로
> 다니는데 상하지도 아니하였고 그 넷째의 모양은 신들의 아들과 같
> 도다 하고 단 3:24~25

　분명 금속을 녹이는 용광로에 세 사람이 들어갔는데, 그 안에는 네
사람이 들어 있었습니다. 느부갓네살과 바벨론 사람들은 그 한 인물

이 신의 아들이라는 것을 보게 되었습니다. 하나님의 자리를 밀어내고 스스로 하나님 자리에 오르려는 바벨론 한복판에서 하나님은 군사력이나 정치적인 방법이 아니라, 불 속에서도 자기 백성과 함께하시는 방법을 통해 하나님 나라를 보여 주셨습니다.

다니엘과 세 친구가 바벨론에서 감당했던 중요한 역할이 보입니다. 총리가 되고, 관료가 되었던 것은 지엽적인 것에 불과합니다. 그들이 맡은 역할의 본질은 하나님이 그들과 함께하며 하나님 나라를 드러내는 데에 쓰임받는 것이었습니다. 이 구절을 보면서 '이스라엘'이라는 이름을 주시며 약속하셨던 이사야 말씀이 떠오릅니다.

> 1야곱아 너를 창조하신 여호와께서 지금 말씀하시느니라 이스라엘아 너를 지으신 이가 말씀하시느니라 너는 두려워하지 말라 내가 너를 구속하였고 내가 너를 지명하여 불렀나니 너는 내 것이라 2네가 물 가운데로 지날 때에 내가 너와 함께할 것이라 강을 건널 때에 물이 너를 침몰하지 못할 것이며 네가 불 가운데로 지날 때에 타지도 아니할 것이요 불꽃이 너를 사르지도 못하리니 3대저 나는 여호와 네 하나님이요 이스라엘의 거룩한 이요 네 구원자임이라 내가 애굽을 너의 속량물로, 구스와 스바를 너를 대신하여 주었노라 사 43:1-3

바벨론 사람들의 눈앞에 하나님 나라가 선명하게 드러났습니다. 이때 "그렇게 하지 아니하실지라도"(단 3:18)라는 구절이 다니엘의 세 친구들의 고백이었습니다. 비록 풀무 불에서 죽는다고 하더라도 결코 하나님의 위치에 마르둑을 둘 수 없다는 결연한 고백을 했습니다. 이런 갈등은 우리의 현실에서도 늘 벌어지는 우선순위의 고민입니다. 연약한 세 소년의 고백은 대영박물관에서 뜻밖의 흔적으로 나타납니다.

바벨론의 유일신 흔적

실제로 다니엘이 꿈을 해몽했었는지, 세 친구가 풀무 불에 들어갔었는지는 남아 있는 유물로 증명할 수 없습니다. 다만 우리는 다니엘서를 통해 바벨론이 포로로 잡혀 온 사람들에게 마르둑 숭배를 강요했었고, 유다의 포로들은 유일신 야훼를 포기할 수 없었다는 것을 확인할 뿐입니다. 그렇지만 대영박물관 전시물에서 흥미로운 기록을 보게 됩니다.

바벨론에서 출토된 유물을 해독한 대영박물관 측에서는 느부갓네살 시대에 눈여겨볼 특이한 점이 있음을 지적합니다. 고대 시대는 주로 다신교 체계였는데 유독 느부갓네살은 태양신을 중심으로 단일신 사상을 확립했다는 겁니다. 바벨론 이전의 아시리아만 하더라도 태양, 달, 별과 관련된 자연신 삼위일체를 가졌는데 이는 다신교를 의미하는 흔적입니다.

반면 느부갓네살은 이런 전통을 깨고 단일신 숭배로 종교 정책을 바꾸었습니다. 특히 바벨론 쐐기문자들을 통해 발견된 특징은 바벨론 고유의 '단일신' 전통이 유대교의 '유일신' 형태와 점차 유사해진다는 점입니다. 그러면서 박물관에서 추측하기를 바벨론에 포로로 잡혀 온

바벨론 종교와 관련된 기록들, 55관

이스라엘 백성들이 바벨론의 종교에 어떠한 영향을 미쳤을 것으로 봅니다.

물론 구체적으로 누구의 영향인지 증명할 수는 없을 겁니다. 그렇지만 누군가는 '유일신' 숭배의 영향을 바벨론에 미쳤을 것이고, 우리는 성경을 통해 다니엘과 세 친구의 흔적을 알고 있을 따름입니다.

앞에서 살펴본 윌리엄 블레이크의 〈느부갓네살〉 그림을 떠올려 볼까요? 느부갓네살은 세계에서 가장 강력한 권력을 가진 바벨론 왕이었지만, 쫓겨나서 7년간 짐승처럼 모진 시간을 겪은 후 다시 왕위에 복귀했습니다. 그 사건이 다니엘서 4장에 묘사되어 있습니다. 왕으로 복귀한 느부갓네살이 마르둑이 아닌 하나님을 찬양했다고 성경은 기록합니다(단 4:34~37). 다니엘은 이런 내용을 미리 왕에게 예언했고, 이런 조언도 건넸습니다.

> 그런즉 왕이여 내가 아뢰는 것을 받으시고 공의를 행함으로 죄를 사하고 가난한 자를 긍휼히 여김으로 죄악을 사하소서 그리하시면 왕의 평안함이 혹시 장구하리이다 하니라 _단 4:27_

지금으로부터 2천 6백 년 전, 느부갓네살은 무소불위의 권력자였습니다. 다른 나라를 침공해서 국경을 확장하고, 전리품과 조공을 통해 나라의 부를 키우는 것은 군주로서 해야 할 당연한 일이었습니다. 군주가 칼을 휘두르는 것을 두고 누가 반박할 수 있었겠습니까?

2천 년 전 로마의 카이사르(Caesar)도 정복 활동으로 나라의 1인자 자리에 올랐습니다. 그는 갈리아를 정복하고, 도버 해협을 건너 영국까지 로마의 영토로 만들었습니다. 정복을 통한 세금 징수는 나라를

지탱하는 초석이었습니다. 그
래서 갈리아 원정을 했을 때 피
의 향연을 벌이면서도 화려한
개선식을 통해 환호를 받았습
니다.

군주에게 조언하는 바벨론 문서, 55관

로마의 티투스(Titus)는 주후
70년에 예루살렘을 정복했고,
유대 포로들을 이끌고 '당당히' 개선식을 거행하면서 티투스 개선문을
만들었습니다. 고대는 이런 활동이 당연한 시대였습니다. 티투스 개
선문을 보면 나폴레옹이 떠오릅니다. 2백 년 전, 나폴레옹은 유럽의
무수히 많은 사람들의 목숨을 앗아 갔습니다. 나폴레옹 한 사람으로
인해 남편과 아들을 잃은 사람들이 얼마나 많았을까요? 그렇지만 그
는 위인전을 장식하는 인물이 되었습니다.

다니엘은 느부갓네살에게 그 시대의 가치와는 무관한 조언을 했습
니다. 공의와 정의를 행하고, 가난하며 연약한 자들을 돌보라는 내용
은 율법의 핵심 가치입니다. 과연 이런 조언을 진심으로 받아들일 고
대 군주가 있었을까요?

다니엘이 느부갓네살에게 했던 이 조언은 단순히 착하게 살라는
권면이 아닙니다. 법은 나라의 실체를 드러내는 지표입니다. 바벨론
의 법은 그 나라를 지탱하고 인정하는 실체입니다. 우리가 대한민국
헌법을 지키는 이유도 그렇습니다. 같은 한반도 땅에서 만들어졌다고
하더라도 우리가 고조선 8조법이나 조선 시대의 법을 지키지는 않습
니다. 고조선, 조선은 존재하지 않기 때문입니다. 그래서 로마의 법을
따를 필요가 없습니다.

다니엘은 바벨론의 관료였습니다. 그는 바벨론의 법을 지켜야 하는 신분이었습니다. 그렇지만 우리는 다니엘의 정체성을 결정짓는 지침이 율법이었다는 것을 알 수 있습니다. 그는 율법을 통해서 바벨론 한복판에 임할 하나님 나라를 왕에게 제안했던 겁니다.

하나님 나라는 어떻게 이 땅에 나타날 수 있을까요? 기적이나 초자연적인 방법으로만 가능하다면 놀라움을 줄 수는 있을 겁니다. 그러나 하나님 나라의 실체는 그 법을 지키는 백성들을 통해 드러납니다. 그 목적을 위해 우리가 부르심을 받았습니다.

하나님은 사랑이십니다. 그렇지만 이 세상에 어떻게 하나님의 사랑이 드러날까요? 하나님은 정의로우십니다. 세상 사람들은 어떻게 정의로운 하나님을 알 수 있을까요? 프로파간다의 방식으로 하나님은 자신을 드러내시지 않습니다. 그의 백성들이 다니엘처럼 사랑과 정의를 행할 때, 비로소 하나님 나라가 이 세상에 드러날 겁니다. 이것이 우리가 존재하는 의미입니다.

바벨론의 동물농장

지금까지 살펴본 바 우상숭배란, 단순하게 말해 그 시대의 방식을 따르는 행위입니다. 2천 6백 년 전의 느부갓네살, 2천 년 전의 카이사르, 2백 년 전의 나폴레옹 모두 철저히 약육강식의 방식으로 권력과 부를 거머쥐었습니다. 그런 모습은 수많은 사람들의 선망의 대상이 되었고, 삶의 목표가 되었습니다.

이렇듯 어떻게든 고지(高地)를 점령해서 영향력을 과시하는 방법으로 하나님 나라를 드러내려고 했던 시도들이 교회의 역사 안에도 있었습니다. 313년 밀라노 칙령이 그랬고, 590년 교황 제도가 그랬으며, 세상을 지배하던 중세 교회가 그랬고, 십자군 전쟁이 그러했습니다. 가깝게는 나치 기독교도 크게 다르지 않습니다.

이러한 강압적이고 폭력적인 방식은 복음화를 이루는 것이 아니라 오히려 '동물농장'을 만들 뿐이라는 사실을 역사는 우리에게 교훈하고 있습니다. 다니엘서는 '함께' 용광로 속으로 들어갈 때 그리스도의 흔적과 하나님 나라가 세상에 드러난다고 말합니다. 이런 방식으로 세상은 변화될 겁니다. 그리스도께서 하셨듯이 말이지요.

조지 오웰(George Orwell)을 대표하는 작품 『동물농장』은 교회가 나아갈 방향을 보여 줍니다. 작품에는 돼지 '나폴레옹'이 등장합니다. 나폴레옹과 다른 동물들은 자유를 얻고자 주인 존스 씨에게 도전을 해서 그를 몰아냅니다. 그리고 그 농장의 이름을 '동물농장'으로 바꿨습니다.

시간이 지나면서 동물농장의 정체성은 변하기 시작했습니다. 그 변곡점은 '동물농장 7계명'이 변하는 시점과 맞물립니다. 돼지들은 7계명에 슬쩍슬쩍 글자를 하나씩 첨가합니다. 결국 글자 하나만 변했을 뿐인데, 동물농장의 정체성은 나폴레옹을 위한 공간으로 바뀌고 말았습니다.

이처럼 그 공간의 실체를 지탱하는 체제는 법입니다. 법이 붕괴될 때 정체성은 함께 무너집니다. 우리를 지탱하는 법은 무엇일까요? 우리가 하나님 나라의 법을 지키는 모습을 통해 세상은 그 나라의 실체를 알게 됩니다. 그래서 우리는 이 땅의 '나그네' 같은 존재입니다.

다니엘서에서 이 부분이 가장 중요한 사안입니다. 총리의 자리에

오르고, 지혜를 획득하는 것은 일종의 전리품에 지나지 않습니다. 설령 다니엘이 총리가 아니라 느부갓네살의 자리에 올랐다고 하더라도 그것만으로 하나님 나라가 드러나는 것은 아닙니다. 정의를 행하고, 연약한 자를 사랑하는 율법을 통해서 하나님 나라의 실체는 드러나는 겁니다.

현대 기독교가 추구하는 내용을 보면 다니엘의 지위와 지혜는 갈망하지만, 용광로 속에 들어가서 고통받는 이들과 함께하려는 모습은 찾아보기 어렵습니다. 오히려 우리가 거하는 공간을 동물농장처럼 만들고, 사람들을 농장의 말 '복서'처럼 우둔하게 만들어 복종하기를 강요하는 것이 이 시대의 비극이 아닐까요?

『동물농장』에서 우리의 시선을 끄는 캐릭터는 폭군 나폴레옹, 선전부장 스퀄러, 침묵하는 당나귀 벤저민도 있지만, 종교적인 면으로 본다면 단연 '길까마귀 모세'입니다. 조지 오웰이 설정한 여러 동물들은 시대를 반영하는 캐릭터입니다. 그중에서도 길까마귀 모세는 그 당시 교회의 모습을 반영합니다. 조지 오웰의 글 속에 묘사되는 모세는 이렇습니다.

> 존스 씨의 특별한 애완동물이었던 모세는, 염탐꾼이면서 고자질쟁이였지만, 또한 영리한 달변가였다. 그는 얼음사탕 산이라는, 모든 동물이 죽어서 가는, 신비로운 나라의 존재를 안다고 주장했다. 그것은 저 하늘 높이, 구름 너머, 조금 떨어진 어딘가에 있다고 모세는 말했다. 얼음사탕 산에서는 한 주의 7일 내내 일요일이었고, 잔디가 펼쳐져 있고, 각설탕과 먹을 것이 주변에 가득 자란다고 했다. 동물들은 모세가 말만 하지, 일은 하지 않았기에 싫어했지만, 그들 중 일부는 얼음

사탕 산을 믿었다. [25)]

우리는 하나님 나라의 실존을 믿습니다. 그러나 그 믿음의 진정성을 드러내기 위해서는 용광로 속으로 함께 들어가는 사랑과 정의의 행동이 따라야 합니다. 그렇지 않으면 교회의 모습은 길까마귀 모세처럼 말만 하는 존재로 보일 뿐입니다.

제국의 마지막 왕

기록된 글자는 이것이니 곧 메네 메네 데겔 우바르신이라 _{단 5:25}

바벨론이 유다를 침공한 후 시간이 흘러 주전 539년이 되었습니다. 그 강력했던 나라 바벨론이 하루아침에 역사에서 사라졌습니다. 떠오르는 제국 페르시아는 메디아와 연합하여 바벨론을 무너뜨렸습니다.

바벨론이 무너지기 전날 밤, 마지막 왕 벨사살(Belshazzar)은 연회를 열었습니다. 귀족 1천 명을 동원해 잔치를 벌였습니다. 선왕 느부갓네살이 예루살렘 성전에서 탈취한 성전의 그릇에 술을 부어 마셨습니다 (단 5:1~2). 예루살렘을 침공한 느부갓네살은 예루살렘 성전 기물들을 약탈해 바벨론 신전에 안치했습니다. 벨사살이 꺼낸 것은 예루살렘에서 탈취한 바로 그 전리품입니다(단 1:1~2).

느부갓네살이 야훼 신전을 탈취해서 마르둑 신전에 봉헌했다면, 벨사살의 연회는 야훼 신전의 물품으로 바벨론 신에게 제의(祭儀)를 드리기 위한 목적으로 열렸습니다. 그 그릇에 술을 부어 마셨다는 것은 바벨론의 신들을 위한 헌주였습니다.

그때 연회장에 손가락이 나타나서 벽에 글을 새겼습니다. 렘브란트(Rembrandt)의 손끝으로 표현된 그림을 보면, 그 자리에 있던 사람들의 당황한 표정을 실감 나게 볼 수 있습니다. 벽에 새겨진 글자, 사람들의 눈빛과 행동, 벨사살 왕의 흔들리는 목걸이, 자신의 팔에 술을 붓는 여인 등 그 반응도 제각각입니다.

그 자리에는 많은 사람이 있었습니다. 그렇지만 지식인도, 천문학자도, 그 어느 누구도 벽에 새겨진 글자를 해독할 수는 없었습니다. 이 글자를 해독하기 위한 방법을 찾던 중 선왕 때에 활동하던 관리 다니

〈벨사살 왕의 연회〉 렘브란트, 1635~1638

엘이 회자되었습니다. 그는 어느덧 백발이 되어 정계에서 물러난 상태였습니다. 벨사살에 의해 소환된 다니엘은 노구를 이끌고 연회장에 나타났습니다.

메네 메네 데겔 우바르신 단 5:25

다니엘은 이 글자를 해석합니다. 하나님이 벨사살 왕을 지켜보시며 저울에 달아 보시니 한참 미치지 못했으므로, 결국 바벨론을 무너뜨리실 것이라는 섬뜩한 경고였습니다(단 5:26~28). 이 말씀은 오래도 걸리지 않았습니다. 바로 그날 밤에 벨사살은 죽임을 당했고, 바벨론은 역사의 무대에서 사라졌습니다(단 5:30).

우리는 성경과 렘브란트의 그림을 통해 그 당시의 상황을 상상해 볼 수 있습니다. 렘브란트는 흥미로운 점들을 우리에게 보여 줍니다. 혹시 눈치 채셨나요? 벨사살은 바벨론의 왕이었지만, 그림 속에서는 페르시아의 터번을 머리에 쓰고 있습니다. 렘브란트는 왜 이렇게 그렸을까요? 또 벽에 새겨진 글자 "메네 메네 데겔 우바르신"에서 '우바르신'의 가장 마지막 알파벳도 이상합니다. 영어로 치면 N에 해당되는 히브리 알파벳 '눈'이 아니라 숫자 7을 의미하는 알파벳 '자인'으로 표기되었기 때문입니다. 게다가 허공의 손가락은 바로 그 알파벳을 가리키고 있습니다.

과연 렘브란트는 우리에게 무엇을 말하고 싶었던 걸까요? 그가 이 그림을 그린 시기는 1636년입니다. 당시 네덜란드 암스테르담에는 '튤립 열풍(Tulip Fever)'이 불고 있었습니다. 천정부지로 튤립 가격이 폭등했습니다. 당시 노동자 평균 연봉이 3천만 원이라면 튤립 한 뿌리가 3

억에서 4억 2천만 원에 거래되었으니 그야말로 '미친' 가격이 아닐 수 없었습니다.

더 놀라운 것은 17세기의 암스테르담은 16세기의 제네바처럼 장로교 교리가 도시를 지배하고 있었다는 점입니다. 종교법이 사회법을 구속하던 시대였습니다. 1619년 '도르트 회의'를 통해 칼뱅주의 5대 교리를 확립했는데, 지금도 장로교는 이 교리를 금과옥조로 받아들이고 있습니다. 그 회의의 결과로 비장로교도들을 향한 종교의 자유와 관용이 사라진 시기였습니다. 비장로교도였던 아르미니우스(Arminius)가 추방되었고, 다른 신자들에게도 비슷한 처우가 내려졌습니다.

'하나님의 주권'을 외치던 암스테르담에 불어닥친 튤립 열풍. 하루아침에 튤립으로 벼락부자가 된 사람들에게 튤립은 하나님의 축복이었을까요? 그렇다면 그 열풍에 편승하기 위해 '영끌'을 해서 투자했더니 1년 만에 가격 거품이 빠지고 원래의 가격으로 되돌아간 것은 하나님의 저주였을까요? 온 나라가 미쳐 돌아가는 투기 열풍 앞에 칼뱅주의 교리는 무척 무기력해 보입니다.

그림 속 하나님의 손가락이 가리키는 숫자 7은 당시 네덜란드 일곱 개 주의 연합을 상징했습니다. 암스테르담은 '성시화'를 이루었을지는 모르지만, 정작 맘몬 앞에서는 무기력하게 굴복하고 있었습니다. 이 모습에 안타까워하던 렘브란트의 마음이 느껴집니다. '하나님의 주권'을 외치면서도 돈과 권력 앞에 굴종하는 현대 교회를 향해서도 하나님은 이렇게 말씀하실 겁니다.

"메네 메네 데겔 우바르신!"

벨사살, 박물관에서 살아나다

다니엘서는 바벨론의 마지막 왕을 벨사살이라고 언급합니다. 벨사살의 통치 기간 동안 바벨론은 페르시아와 메디아의 협공을 받았고 벨사살은 죽었습니다. 다니엘서의 기록은 이렇습니다.

> 29이에 벨사살이 명하여 그들이 다니엘에게 자주색 옷을 입히게 하며 금 사슬을 그의 목에 걸어 주고 그를 위하여 조서를 내려 나라의 셋째 통치자로 삼으니라 30그날 밤에 갈대아 왕 벨사살이 죽임을 당하였고 31메대 사람 다리오가 나라를 얻었는데 그때에 다리오는 육십이 세였더라 단 5:29~31

이것은 벨사살 왕의 최후입니다. 이 구절에는 분명 벨사살이 왕이라고 표현되어 있고, '메네 메네 데겔 우바르신'이라는 글자를 해석해 준 다니엘이 셋째 통치자의 자리에 임명되었다고 나와 있습니다. 이 구절을 보며 학자들은 공식적인 바벨론의 마지막 왕이 나보니두스(Nabonidus)이기 때문에 다니엘서의 기록은 역사적으로 오류가 있다고 생각했습니다. 왜냐하면 '벨사살'이란 이름을 고대 역사에서는 찾아볼 수 없기 때문입니다.

나보니두스 기록, 55관

그런데 19세기에 출토된 나보니두스 기록에는 이런 내용이 새겨져 있었습니다. 나보니두스는 테이마(Teima)라는 곳으로 거처를 옮겼고, 바벨론의 통치를 자신의 아들에게 맡겼다는 내용이었습니다.

> 왕이 테이마에 있을 때 그의 아들과 나라와 군대는 바벨론에 있었
> 다.[26)]

이 기록을 근거로 한다면 바벨론의 마지막 왕 나보니두스는 종교
적인 목적을 위해 다른 곳으로 이동했음을 알 수 있습니다. 그 자세한
내용은 나보니두스 연대기에서 발견할 수 있습니다.

연대기 기록에는 나보니두스가 테이마로 거처를 옮기면서 그곳에
지구라트를 증축했고, 자신이 직접 종교를 전파했다고 나와 있습니
다. 그뿐만 아니라 이런 기록도 담겨 있었습니다.

> 벨사살, 나의 장자, 나의 진실된 후손.[27)]

나보니두스 연대기에 벨사살의 이름이 등장합니다. 그는 나보니두
스의 장자이며 후계자임을 확인할 수 있습니다. 즉 나보니두스는 바
벨론의 통치권을 아들 벨사살에게 맡기고, 테이마로 향했음을 알 수

나보니두스 연대기, 55관

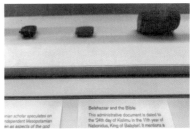

벨사살과 성경, 55관

있습니다.

나보니두스의 기록물 중 주전 545년경에 새겨진 고고학 기록들은 성경의 내용을 뒷받침해 줍니다. 대영박물관에서도 그 기록에 대해서 성경과의 관련성을 언급합니다. 이 행정 문서는 바벨론의 왕 나보니두스 재위 11년째의 기록이며, '벨사살'이라는 이름을 언급하고 있습니다. 벨사살은 섭정의 신분이었으며, 실제의 왕은 나보니두스였다는 기록입니다.

종합해 보면 바벨론의 마지막 왕은 실제로는 나보니두스였습니다. 벨사살은 그의 장자이자 대리 통치자였습니다. 19세기에 발굴된 고고학 유물을 통해 허구로만 존재해 왔던 벨사살이 자신의 존재를 드러냈습니다. 그런 시각으로 다니엘 5장 29절을 보자면 '둘째 통치자'였던 벨사살 왕이 벽의 글자를 해독한 사람에게 줄 수 있는 최고의 권한은 '셋째 통치자'라는 사실을 알 수 있습니다. 성경의 정확성이 그저 놀라울 따름입니다.

바벨론, 허무히 무너지다

나보니두스는 바벨론의 마지막 왕이었습니다. 구글에서 'Nabonidus'로 검색하면 위키피디아에서 그에 관한 대략적인 정보를 확인할 수 있습니다. 나보니두스는 주전 556년부터 539년까지 바벨론을 통치했습니다. 그는 재위 11년이 된 시점에 테이마로 떠났고, 장자 벨사살에게 대리 통치를 맡겼습니다.

나보니두스는 니토크리스(Nitocris)와 결혼을 했는데, 그녀는 느부갓

나보니두스 기념비, 55관

네살의 딸로 알려졌습니다. 눈여겨볼 점은 나보니두스의 고향이 하란(Harran)이라는 겁니다. '아다고페(Addagoppe)'로 알려진 그의 모친 '아닷구피(Adad-guppi)'는 아시리아 혈통이었고, 하란에서 달(月)신을 숭배하던 여인이었습니다.

대영박물관 55관에는 나보니두스의 기념비가 있습니다. 이 기념비는 하란에서 출토되었고, 대략 주전 541년경에 제작된 것으로 알려져 있습니다. 기념비를 관찰해 보면 나보니두스가 있고, 그 앞에 달이 있으며 태양은 가장 멀리 밀려나 있는 흔적을 볼 수 있습니다.

고대 메소포타미아는 달신 난나(Nana)를 주신으로 섬겼습니다. 아브라함이 있었던 메소포타미아의 우르(Ur)는 달신 숭배의 중심지였습니다. 달신을 숭배하던 또 다른 곳이 하란이라는 도시였습니다. 아브라함이 가나안으로 가는 과정에서 하란에 정착한 것도 우연은 아닐 겁니다.

> 아브라함이 갈대아 사람의 땅을 떠나 하란에 거하다가 그의 아버지가 죽으매 하나님이 그를 거기서 너희 지금 사는 이 땅으로 옮기셨느니라 행 7:4

갈대아 우르에서 아브라함의 가족은 종교 직무를 담당했습니다(수 24:2~3). 그런 아브라함의 가족이 하란에 머물렀다면 달신을 숭배하는 일과 어떤 연결고리가 있었을 법합니다. 그 가족이 우르를 떠나서 하란에 정착한 것은 자신의 손에 움켜쥔 것을 놓기 힘들어하는 마음 때문일지도 모릅니다.

메소포타미아 문명으로부터 파생된 구바빌로니아의 함무라비 왕조는 태양신 마르둑을 주신으로 삼았습니다. 달신 대신 태양신을 주신으로 섬겼습니다. 시간이 오래 지나, 바벨론의 느부갓네살은 신바빌로니아를 건설하면서 태양신 마르둑을 건국 신화로 제시하면서 마르둑 사제들과 함께 건국 이념을 확립했습니다. 그 일환으로 시날 평지에 마르둑 신전을 세웠고, 다니엘서 3장에서 보듯 거대한 신상을 세우기도 했습니다. 이것이 바벨론의 주류 통치 이념이었습니다.

반면 바벨론에 의해 붕괴된 아시리아는 하란을 중심으로 메소포타미아의 달신을 숭배하는 전통을 그대로 갖고 있었습니다. 따라서 하란에서 태어난 나보니두스는 아시리아 혈통이었던 모친의 영향을 받았던 것으로 보입니다. 이로 인해 바벨론을 태양신 숭배에서 달신 숭배로 전환한 흔적을 보게 되는 겁니다. 당연히 마르둑 사제들이나 제국 백성들의 저항에 직면했을 겁니다.

이렇게 본다면 다니엘 5장 1절에서 벨사살 왕이 베푼 연회는 단순한 잔치가 아니라 달신 숭배 이념을 강화하기 위한 종교 제의였음을 알 수 있습니다. 당연히 바벨론 개국공신이었던 마르둑 사제들로부터 강력한 반발을 샀을 겁니다. 결국 벨사살이 연회를 개최한 그날 밤, 페르시아의 키루스(고레스)는 바벨론을 침공했고, 벨사살은 죽임을 당했습니다.

이 사건이 나보니두스 연대기에 기록되어 있는데 미국의 고고학자 제임스 프리처스(James B. Pritchard)는 다음과 같이 해독했습니다.

구트인들(Gutians)은 에사길라(Esagila, 신전) 내부에 머물러 있었고, 누구도 군대를 이동하지 않았다. (축제를 위한) 시간은 정확하게 지켜졌다. 아라쉬삼누(11월) 달 제3일에 키루스는 바빌로니아에 입성했다. 작고 푸른 가지들이 그의 발 앞에 펼쳐져 있었고, 평화가 그 도성 위에 임했다. 키루스는 모든 바벨론 사람들에게 인사를 보냈다. 키슬림(Kislimu) 월로부터 아달(Adar) 월까지 나보니두스가 바벨론으로 가져온 아카드인들의 신상들은 (중략) 그들의 거룩한 도시들로 되돌려 보내졌다. [28]

이 해독은 그리스 역사가 헤로도토스의 기록과 연결됩니다. 비교해 봅시다.

페르시아인들의 기습은 그들에게는 뜻밖이었다. 그곳 주민들의 말에 따르면, 바벨론은 넓어 도심에 사는 사람들은 도시의 외곽이 이미 적군의 손에 떨어졌을 때에도 적군이 쳐들어온 사실조차 몰랐다고 한다. 그리고 그날은 축제일이라 그들은 이 시각 한창 춤을 추며 놀았다고 한다. 진상을 상세히 알게 될 때까지 말이다. 그리하여 바벨론은 이때 처음으로 함락되었다. [29]

나보니두스 연대기와 헤로도토스의 기록을 비교해 보면 상황이 좀 더 입체적으로 보입니다. 즉 달신 숭배를 장려하던 나보니두스에게 반감을 가졌던 마르둑 사제들은 고레스와 결탁을 했고, 페르시아는 특별한 저항 없이 바벨론에 입성할 수 있었던 겁니다.

하나님의 저울, 그리고 죄와 벌

대영박물관 55관을 둘러보면 유독 눈에 띄는 것이 있습니다. 무게를 재는 저울추입니다. 다양한 무게를 측정하는 추를 볼 수 있는데, 박물관은 이것을 성경과 연관 짓고 있습니다.

다니엘은 '메네 메네 데겔 우바르신'을 설명하며 바벨론 왕의 무게가 추에 비해 부족함이 있으므로 장차 나라가 멸망할 것이라 예언했습니다. 실제로 그 심판은 이루어졌습니다. 다니엘에게 이 글자를 해독하도록 지혜를 주신 하나님은 유다가 심판을 받기 전에 에스겔에게도 환상을 보여 주셨습니다.

> 그가 또 내게 이르시되 인자야 이스라엘 족속이 행하는 일을 보느냐 그들이 여기에서 크게 가증한 일을 행하여 나로 내 성소를 멀리 떠나게 하느니라 너는 다시 다른 큰 가증한 일을 보리라 하시더라 겔 8:6

유다는 성전도 성직자도 종교 관행도 있었지만, 믿음과 삶이 분리되었기에 하나님은 그들을 심판하셨습니다. 이것이 그 당시 백성들만의 이야기일까요?

네덜란드는 1619년 도르트 회의를 통해 확고한 칼뱅주의 교리를 확립했지만, 튤립 앞에 무기력한 모습을 보였기에 렘브란트는 '메네 메네 데겔 우

바벨론의 저울추, 55관

바르신'이라는 메시지로 경고했습니다. 루터파, 칼뱅파 성직자들이 로마 가톨릭을 '바벨탑'이라며 정죄했지만, 거대 자본 앞에서는 굴복했기에 브뢰헬은 〈바벨탑〉 그림을 남겼습니다. 안타까운 점은 우리 또한 여기에서 자유롭지 않다는 겁니다.

오늘날 현대 교회 역시 바벨탑을 쌓아 가고 있습니다. '한 영혼이 천하보다 귀하다'라고 말하지만, 이 표현을 가장 많이 접하는 순간은 '한 영혼이 아쉬울 때'일 겁니다. 한 영혼을 '천하처럼' 가치를 부여하는 진심을 평소에 경험해 본 적이 있던가요? 실제로 체감하게 되는 한 영혼의 가치는 거대한 탑을 쌓아 올리는 벽돌 하나에 지나지 않습니다. 1만 명의 교회가 1백 명의 교회를 보는 시선은 어떤가요? 그 규모를 축복과 저주로 가늠할 수 있을까요? 숫자를 이루는 하나하나의 영혼에게 천하만큼의 가치를 부여하고 있을까요? 그것이 아니라면 벽돌 한 장에 지나지 않을 겁니다.

이렇듯 바벨탑을 쌓는 현대 교회에 대한 고민은 19세기에 '정통' 러시아 정교회를 바라보던 톨스토이나 도스토옙스키(Dostoevskii)의 고민과 크게 다르지 않습니다. 그 시기에 썼던 도스토옙스키의 불후의 걸작이 『죄와 벌』입니다. 이 작품 속에는 한 인간에게 어떤 가치를 부여할 수 있는지에 대한 고민이 그대로 투영되어 있습니다.

'쓸모없는' 전당포 노인을 살해해서 그 돈으로 유익한 일을 하려는 주인공 라스콜리니코프는 무익한 노파를 도끼로 잔인하게 살해합니다. 주인공은 자신이 만든 감옥에 갇히고 의미 없는 시간을 보내지만, 결국 광장의 땅바닥에 입을 맞추고 참회한 후 자수하기로 마음먹습니다. 시베리아 수용소에서 7년이라는 시간을 보내야 하는데, 이런 '죄와 벌'로부터 라스콜리니코프를 구원해 준 인물은 세상에서 무가치한 사

람으로 낙인찍힌 창녀 소냐였습니다. 소냐는 자신에게 구원의 희망을
안겨 준 라스콜리니코프를 위해 시베리아까지 따라가는 결정을 했습
니다.

도스토옙스키가 써 내려가는 라스콜리니코프의 고백이 바벨탑을
만드는 현대 교회로 하여금 진정으로 한 영혼을 천하처럼 여기게 되는
전환점이 될 수 있기를 기도합니다. 소냐 같은 사람을 편견 없이 볼 수
있는 시선, 라스콜리니코프 같은 인물을 시베리아까지 따라가려는 마
음을 통해 우리 사회에 스민 '부활'의 흔적을 보게 될 겁니다.

> 그들을 부활시킨 것은 사랑이었고, 한 사람의 마음속에 다른 사람의
> 마음을 위한 삶의 무한한 원천이 간직되어 있었다. 그들은 참고 기다
> 리기로 마음먹었다. 그들에게는 아직도 7년이 남아 있었다. 그때까지
> 얼마나 많은 참을 수 없는 고통이 있을 것이며, 얼마나 무한한 행복이
> 있을 것인가. 그러나 그는 부활했다. 그는 이것을 알았다. 그는 갱생
> 한 자신의 온 존재로 그것을 완전히 느끼고 있었다. 그리고 그녀는 오
> 직 그의 삶을 자신의 삶으로 생각하고 살아오지 않았던가. 그날 저녁
> 감옥의 문이 닫힌 후에 라스콜리니코프는 침대에 누워서 그녀에 대
> 해 생각했다. 그날 그는 모든 유형수들, 예전의 그의 적들이 벌써 그
> 를 다르게 쳐다본다는 생각을 했다. 그 스스로가 자진해서 그들과 이
> 야기를 시작했고, 그들은 그에게 상냥하게 대답했다. 이제야 이런 생
> 각이 들었지만, 벌써 예전부터 이랬어야만 하는 게 아니었을까. 정말
> 모든 것이 이제는 변해야만 하는 것이 아닐까.
> 과거의 그 모든 고통들, 그 모든 일들이 과연 무엇이란 말인가. 모든
> 것, 그의 범죄마저도, 판결과 유형마저도 현재 최초의 환희로 가슴 벅

차 있는 그에게는 어떤 외적이고 이상한 것으로, 그에게 일어나지 않은 것 같은 사건들로만 여겨지는 것이었다. 그러나 그는 그날 밤 무엇에 대해서든 오랫동안 생각할 수 없었고, 어떤 것에든 생각을 집중할 수가 없었다. 그는 당시에 아무것도 의식적으로 해결할 수 없었는지도 모른다. 그는 다만 느꼈다. 변증법 대신에 삶이 도래했고, 의식 속에서 무언가 전혀 다른 것이 형성되어야만 한다는 것을.

그의 베개 밑에는 복음서가 놓여 있다. 그는 기계적으로 그것을 손에 들었다. 이 책은 소냐의 것으로 그녀가 그에게 나사로의 부활을 읽어 줄 때 들고 있었던 바로 그 책이었다.

이제 새로운 이야기, 한 사람이 점차 소생되어 가는 이야기, 그가 새롭게 태어나는 이야기, 그가 한 세계에서 다른 세계로 옮겨 가는 이야기, 이제까지는 전혀 몰랐던 새로운 현실을 알게 되는 이야기가 시작되고 있다.[30]

PART 3

다니엘은
왜
돌아가지
않았을까?

키루스 실린더, 52관

지금까지 다니엘이 살았던 주변 환경, 다니엘에 '관한' 내용에 집중했다면 이제 Part 3에서는 다니엘을 만나려고 합니다.

다니엘이 실제로 활동하던 시대에 가장 눈에 띄는 역사적 사건을 꼽으라면 바벨론 왕 느부갓네살과 관련된 것들도 있겠지만, 페르시아 왕 고레스에 더 주목하게 됩니다. 다니엘이 살았던 시기에 고레스가 '고레스 칙령(키루스 실린더)'을 반포했기 때문입니다. 고레스 칙령이란, 주전 539년에 페르시아의 고레스가 바벨론을 무너뜨린 후에 바벨론에 포로로 잡혀 온 민족들을 본국으로 귀환하도록 허가했던 문서입니다. 억압된 민족들의 자유를 보장한 사건이었기에 세계 최초의 '인권 선언문'이기도 합니다.

성경의 역사를 따라가다 보면 '바벨론 유수', '포로 귀환'이라는 말을 접하게 됩니다. 이스라엘 백성이 바벨론에 포로로 잡혀 있던 수십 년의 시간을 '바벨론 유수'라고 한다면, 고레스 칙령에 의해 본국으로 돌아오게 된 것을 가리켜 '포로 귀환'이라고 합니다. 귀환 이후 유대인들은 무너진 성전을 재건하고, 율법을 체계화하면서 유대교를 확립했습니다. 제2성전이 건립된 이후부터 신약 시대까지 5백 년의 기간을 가리켜 '제2성전기' 혹은 '신구약 중간사'라고 합니다. 이 기간에 대해서는 전작 『중간사 수업』에서 면밀히 다루었습니다.

그렇다면 고레스 칙령은 다니엘과 어떤 관계가 있는 걸까요? 고레스 왕에 의해서 유대인들은 주전 539년 이후 본국으로 돌아갈 수 있게 되었습니다. 흥미로운 것은 유대인들이 본국으로 돌아갔지만, 다니엘은 여전히 페르시아와 메디아 제국 속에 남아 있었고, 우리가 잘 아는 사자 굴에 들어간 사건을 경험하게 되었습니다. 왜 다니엘은 본국으로 돌아가지 않았을까요? 그에게는 어떤 말하지 못할 사연이 있었을까요? 이것을 알게 된다면 다니엘에게 한 걸음 더 다가갈 수 있지 않을까요?

예레미야와 다니엘, 고레스 칙령

이 다니엘이 다리오 왕의 시대와 바사 사람 고레스 왕의 시대에 형통
하였더라 단 6:28

1534년 11월 3일, 말도 많고 탈도 많았던 영국의 왕 헨리 8세(Henry
8)는 '수장령(首長令)'을 선언했습니다. 수장령은 영국의 국왕이 영국 교
회의 머리가 된다는 의미였습니다. 교회는 왕에게 귀속되었고, 교회의
권리 또한 교황으로부터 왕에게로 이전되었으니 성직자들도 당연히
왕이 임명했습니다. 이렇게 영국 교회는 공식적으로 로마 가톨릭에서
벗어났습니다.

영국 국왕을 교회의 머리로 인정한 교회를 가리켜 '영국 국교회' 혹
은 '성공회'라고 합니다. 한 나라의 교회와 자산과 신자가 교황의 손으
로부터 벗어났으니 로마 교황청이 얻게 될 손실은 이만저만이 아니었
을 겁니다.

헨리 8세가 수장령을 선언하게 된 배경이 크게 대단한 것은 아니었
습니다. 로마 가톨릭에서 지정해 준 결혼, 즉 스페인 아라곤의 캐서린
왕비와의 결혼을 헨리 8세가 일방적으로 취소해서 이혼하고, 왕궁의
시녀였던 앤 불린(Anne Boleyn)과 결혼했기 때문이었습니다.

그리하여 수장령을 선언한 직후 유럽에는 전운이 감돌았습니다.
영국의 배신을 교황이 좌시하지 않았으니까요. 그때 프랑스의 국왕
프랑수아 1세(François 1)는 두 명의 대사를 런던으로 파견했습니다. 한
명은 런던 주재 프랑스 대사인 장 드 댕트빌(Jean de Dinteville)이고, 다른
한 명은 라보르의 대주교 조르주 드 셀브(Georges de Selve)입니다.

종교개혁 화가였던 한스 홀바인(Hans Holbein)은 이런 절체절명의
순간에 파견된 두 대사를 화폭에 담았습니다. 이 그림과 관련된 주목

〈대사들〉한스 홀바인, 1533

할 만한 역사적 인물은 자크 르페브르 데타플(Jacques Lefèvre d'Étaples) 입니다. 데타플은 에라스뮈스와 동시대의 인문학자로서 프랑스어 성경 번역을 통해 종교개혁에 큰 영향을 주었습니다. 그의 제자 기욤 파렐(William Farel)은 장 칼뱅(Jean Calvin)을 설득해서 제네바에서 종교개혁을 일으켰고, 칼뱅 역시 데타플로부터 사상적인 영향을 받았습니다. 데타플이 대주교로 재직하는 동안 그의 사상은 라보르의 대주교 조르주 드 셀브에게도 영향을 주었으니 알고 보면 두 대사들은 그림에만 등장하는 인물이 아니라 칼뱅의 영향을 받은 한국 장로교와도 모종의 연결고리를 가진 셈입니다. 한스 홀바인의 눈에도 두 대사는 단순히 정치적인 갈등을 무마하기 위해 파견된 인물 정도로 보이지는 않았습니다.

이 그림의 장르는 초상화지만, 두 인물 사이에는 복잡한 오브제들로 가득합니다. 바로 헨리 8세와 관련된 격동의 시기를 배경으로 담고 있습니다. 한 세기가 지나도록 지동설이 정설로 인정받지 못했을 때, 한스 홀바인은 선반에 지구의를 그려 놓았습니다. 당시 논란의 중심이었던 코페르니쿠스의 지동설을 인정한다는 의미가 담겨 있습니다. 선반 위 해시계는 헨리 8세와 캐서린 왕비가 이혼을 했던 시간을 알리고 있고, 옆으로 넘어져 있는 것은 정치적인 분열을 의미합니다.

아래 선반에는 교회에서 사용하던 악기 류트가 있지만 줄 하나가 끊어져 있습니다. 신구교 간의 갈등을 나타냅니다. 책의 나눗셈 부분에 자가 끼워져 있는 것도 분열을 뜻합니다. 오선지가 그려진 펼쳐진 책은 실제로는 존재하지 않습니다. 왜냐하면 왼편은 가톨릭의 찬미가이고, 오른편은 루터교의 찬송가가 나와 있기 때문입니다. 당시 대립하고 있던 두 종교가 화합할 것을 화가는 제안하고 있습니다.

그 앞에 이질적으로 그려진 하얀 형상은 죽음을 기억하라는 '메멘토 모리'의 상징입니다. 길쭉하게 생겼기에 무슨 모양인지 정확히 알 수 없지만, 그림 좌우 끝에서 보면 선명한 해골 모양을 볼 수 있습니다. 누군가가 이 그림 앞으로 포도주 잔을 들고 왔다면 그 잔에는 해골 모양이 반사되어 보일 겁니다. 죽음을 기억하고, 늘 하나님 앞에 겸손해야 할 것을 이렇게 나타냅니다.

끝으로 이 그림 왼편 상단에는 커튼 뒤에 십자가에 못 박힌 그리스도가 보입니다. 그리스도가 역사의 커튼 뒤에서 세상을 주관하는 분이심을 홀바인은 이렇게 고백하고 있습니다. 비록 세상은 바벨론, 페르시아의 군주들이 주도하는 것처럼 보일지라도 다니엘은 역사의 주관자가 인자이신 그리스도임을 말합니다. 다니엘서와 이 그림이 묘하게 연결됩니다.

고레스에서 느헤미야까지

제시한 표는 다니엘서와 구약 성경을 이해하기 위한 맥락을 잡는 데 도움이 됩니다. 주전 539년에 페르시아의 고레스는 앞에서 살펴봤듯이 모든 유대인이 본국으로 돌아가도 좋다는 칙령을 내렸습니다. 그렇게 본국으로 돌아간 1차 귀환자들이 있었고, 이들을 이끈 지도자가 다윗의 후손인 유다 지파의 스룹바벨입니다(스 2:2). 귀환자들은 솔로몬 성전이 있던 자리에 다시 제2성전을 건축하려고 했습니다. 그러나 사마리아 사람들의 방해로 오랜 시간 공사를 진행하지 못했고, 다리우스 1세 치세였던 주전 516년에 가서야 완공하게 됩니다.

페르시아 군주	관련 사건	성경 인물
고레스 2세(550~530)	바벨론 멸망, 고레스 칙령(539)	다니엘, 스룹바벨
캄비세스(530~522)	제2성전 건축 중단	학개, 스가랴
바르디야(522)/스메르디스	팔레스타인 지역 정세 불안	
다리우스 1세(522~486)	마라톤 전투(492)	학개, 스가랴, 말라기
크세르크세스(486~465)	페르시아 전쟁(480)	에스더, 에스라
아닥사스다(465~424)	느헤미야 파견	에스라, 느헤미야

[표5] 페르시아의 군주들, 연도(주전)

그렇다면 바벨론이 무너지고 페르시아 천하가 된 시대에 다니엘은
어떤 역할을 했을까요? 다니엘 9장 1~2절에서 다니엘은 자신의 시대
를 소개하며 예레미야를 언급합니다.

> ¹메대 족속 아하수에로의 아들 다리우스가 바빌로니아 나라의 왕이
> 된 첫 해, ²곧 그가 통치한 첫 해에, 나 다니엘은 거룩한 책들을 공부
> 하면서, 주님께서 예레미야 예언자에게 하신 말씀, 곧 예루살렘이 칠
> 십 년 동안 황폐한 상태로 있을 것을 생각하여 보았다. 단 9:1~2, 새번역

이 시기는 페르시아(바사)와 메디아(메대) 연합이 바벨론을 무너뜨린
첫 해였던 주전 539년 무렵입니다. 다시 말해서 이 구절의 맥락은 바
벨론이 무너졌을 때, 다니엘이 거룩한 책을 통해서 과거에 선지자 예
레미야가 예언했던 '70년'이라는 약속을 회상했음을 보여 줍니다. 이

것은 예레미야 선지자의 예언이 어떤 것인지를 떠올리게 합니다.

> 10여호와께서 이와 같이 말씀하시니라 바벨론에서 칠십 년이 차면 내가 너희를 돌보고 나의 선한 말을 너희에게 성취하여 너희를 이곳으로 돌아오게 하리라 11여호와의 말씀이니라 너희를 향한 나의 생각을 내가 아나니 평안이요 재앙이 아니니라 너희에게 미래와 희망을 주는 것이니라 렘 29:10~11

예레미야 선지자는 이스라엘 민족이 자신의 범죄 때문에 여러 차례 바벨론의 침공을 받게 되고, 결국 포로로 사로잡혀 갈 것이라고 경고했습니다. 그러나 많은 거짓 선지자들과 종교인들은 과거의 '다윗 언약'을 맹신한 나머지 절대로 하나님이 이방 사람들의 침공을 받도록 내버려두지 않으실 거라고 집착했습니다.

우려했던 일은 현실이 되었습니다. 예레미야의 예언대로 바벨론의 나보폴라사르는 이집트를 침공하기 위해 그의 아들 느부갓네살을 레반트 지역으로 보냈습니다. 바벨론 군대는 예루살렘을 함락해서 다니엘, 에스겔 등이 바벨론에 포로로 잡혀갔습니다. 주전 586년에는 예루살렘 성전이 파괴되었고, 유다는 완전히 무너져 지도에서 사라졌습니다. 이때 무너진 솔로몬 성전이 주전 516년에 스룹바벨에 의해 다시 세워졌기에 이것을 스룹바벨 성전, 혹은 제2성전이라고 부릅니다. 주전 516년부터 제2성전기, 즉 신구약 중간사가 시작되는 겁니다.

그렇다면 제1성전이었던 솔로몬 성전과 제2성전인 스룹바벨 성전 사이를 살았던 다니엘은 제2성전 이후의 기간을 상징하는 표준과도 같은 인물입니다. 실제로 유대 역사가 요세푸스도 주후 1세기의 시대를 보며 다니엘을 떠올렸다고 고백합니다.

놀랍게도 결국 우리나라는 다니엘의 환상대로 안티오코스 에피파네스에 의해 이런 일들을 당하게 된다. 더욱이 놀라지 않을 수 없는 것은 이 일들이 실제로 발생하기 훨씬 전에 다니엘이 이것을 예언하고 글로 남겼다는 점이다. 다니엘은 이 밖에도 우리나라가 로마 정부에 의해 폐허가 될 것이라는 점도 예언하였다.[31]

이렇게 보면 다니엘 9장 1~2절의 예레미야 예언과 다니엘 당시의 두 타임라인이 손에 잡힙니다. 예레미야는 바벨론의 1차 침공 이전부터, 유다가 바벨론의 침공을 받고 포로로 잡혀가게 된 후 70년 만에 본국으로 돌아오게 되리라는 것을 예언했습니다. 다니엘 9장 1~2절은 바벨론의 1차 침공 때에 포로로 잡혀 왔던 '소년' 다니엘이 주전 539년에 노구의 몸이 되어 예레미야의 예언을 회고한 시점입니다. 그는 소년 시절 바벨론으로 잡혀 왔을 때부터 지금까지의 시간을 계산해 보며 거의 70년이 다 되었다는 것을 깨달았던 겁니다.

이 시기에 페르시아의 고레스는 칙령을 내려 모든 포로들이 본국으로 돌아가게 했습니다. 52관 페르시아관에서는 그 고레스 칙령이 새겨진 유물을 볼 수 있는데, 내용은 다음과 같습니다.

[파손] … 그의
3. … 약한 자(나보니두스)가 그 땅의 통치자로 군림해 오면서
4. 신들의 형상들을 그들의 보위에서 내려앉히고 모조품을 그 위에 앉혔다.

5. 에사길라(Esagila, 신전)의 형상을 따라... 우르와 나머지 도시에

6. 맞지 않는 규정을... 매일 계획하고, 적대감으로

7. 매일 드리는 제사를 중단했다.

20. 나 키루스(고레스), 세상의 왕, 대왕이요, 권능의 왕, 바빌론의 왕이요, 수메르와 아카드의 왕, 세계를 두른 네 지방의 왕...

31. ... 구티움 땅 부근과 옛적부터 사람들이 거주하던 티그리스강 건너편 도시들에 이르기까지

32. 나는 거기에 거했던 신상들을 원래의 처소로 돌아가게 하고, 그들의 영원한 처소를 세웠다. 나는 그 거주민들 전체를 통합하여 그들의 거처를 다시 세웠다.[32]

이것이 바로 키루스 실린더, 즉 고레스 칙령의 주요 내용입니다. 이

키루스 실린더, 52관

문서는 마치 용비어천가 같은 느낌입니다. 페르시아의 고레스가 바벨론을 무너뜨리고 세계를 정복했다는, 새로운 군주를 칭송하는 선전 문서이기 때문입니다.

특히 눈여겨봐야 할 부분은 고레스를 '바벨론의 왕'이라고 표현한 20행입니다. 이렇게 표현한 이유는 페르시아가 관용 정책을 표방하는 나라였기 때문입니다. 그 관용 정책의 두 가지 특징은 첫째로 정복한 나라의 신들을 존중해 주는 것이었고, 둘째로 출신과 혈통에 관계없이 능력에 따라 관직에 등용하는 것이었습니다.

이런 관용 정책으로 인해서 페르시아는 바벨론의 문화와 주신 마르둑을 제거한 것이 아니라 오히려 고레스 자신이 그런 나라들의 왕이라고 선언했습니다. 피정복민들의 문화와 종교를 존중해 준 결과로 32행을 보면 바벨론의 포로로 잡혀 왔던 거주민들을 본국으로 돌아가게 해서 그들의 신전을 건립하도록 허가했습니다.

기록을 살펴보니 '70년 만에 본국으로 돌아올 것'이라는 예레미야의 예언은 놀랍도록 정확하게 성취되었습니다. 예루살렘의 솔로몬 성전이 완전히 파괴된 것은 주전 586년이고, 고레스 칙령이 반포된 것은 주전 539년이지만, 이미 바벨론의 1차 침공 때에 포로로 잡혀 온 다니엘과 그의 세 친구, 그리고 유다 포로들에게는 70년이 채워지는 순간에 하나님이 기적처럼 그 민족을 본국으로 돌아가게 하셨습니다.

그렇다면 에스라의 이 내용도 놀라운 역사성을 갖게 됩니다.

[1]바사 왕 고레스 원년에 여호와께서 예레미야의 입을 통하여 하신 말씀을 이루게 하시려고 바사 왕 고레스의 마음을 감동시키시매 그가 온 나라에 공포도 하고 조서도 내려 이르되 [2]바사 왕 고레스는 말하

노니 하늘의 하나님 여호와께서 세상 모든 나라를 내게 주셨고 나에게 명령하사 유다 예루살렘에 성전을 건축하라 하셨나니 스 1:1~2

이처럼 에스라가 말한 "예레미야의 입을 통하여 하신 말씀" 그리고 다니엘이 언급한 '예레미야 예언자에게 하신 말씀'(단 9:1~2)이 구체적으로 무엇이었고, 언제 어떻게 성취되었는지 우리는 역사와 성경을 통해서 생생하게 확인할 수 있습니다.

고레스 칙령으로 인해 유다 포로들이 본국으로 돌아가서 건립한 것이 바로 제2성전, 스룹바벨 성전이었습니다. 이렇게 해서 제2성전기 시대가 시작됩니다.

예레미야의 예언과 다니엘의 회상, 그리고 고레스 칙령을 살펴보았습니다. 예레미야의 예언대로, 고레스 칙령에 의해 본국으로 돌아온 유대인들은 스룹바벨 총독과 함께 제2성전을 건립하려고 애썼습니다. 하지만 주변 사람들, 특히 사마리아 사람들의 맹렬한 반대로 인해 한동안 건축이 중단되었습니다. 그 후 학개, 스가랴 선지자의 활동으로 제2성전 건축이 재개되었고, 결국 주전 516년에 완공되었습니다.

참으로 놀랍습니다. 유대 포로들이 포로로 잡혀간 후 본국으로 돌아온 기간도 70년이지만, 주전 586년에 무너진 솔로몬 성전이 재건된 것도 정확히 70년 만입니다. 이로 인해 역사를 바라보는 더 깊은 깨달음을 얻게 됩니다. 때로는 눈앞에 보이는 반대와 역경, 어려움으로 인해 우리가 원하는 일들이 더디게 진행되는 것 같고, 하나님이 정말 살아 계신지 의문이 들 때도 많지만, 그것마저도 하나님은 당신의 시간표를 통해서 계획하시고 일하신다는 사실 말입니다. 하나님은 그의 백성을 완전히 버리시는 것이 아니라 하나님의 형상을 닮아 가는 백성들로 만들기 위해서 그분의 때에 맞춰 일하고 계신 겁니다.

그렇지만 예레미야 선지자가 경고했을 당시에는, 그의 경고에 귀를 기울이는 사람이 한 명도 없었습니다(렘 5:1). 심지어 다니엘도 다리우스와 고레스가 등극했을 때에야, 예레미야의 예언을 떠올렸다고 말합니다. 다니엘서는 이렇게 표현합니다.

> 메대 사람 다리오가 나라를 얻었는데 그때에 다리오는 육십이 세였더라 단 5:31

예레미야 선지자의 예언과 고레스 칙령을 염두에 둘 때, 단순해 보이는 이 구절은 전혀 다른 의미로 다가옵니다. 바벨론이 멸망할 때, 다리오의 나이를 굳이 표기할 이유가 무엇이었을까요? 다리오보다 훨씬 존재감이 큰 느부갓네살, 벨사살, 고레스의 나이를 성경이 언급한 적이 있던가요? 예레미야, 에스겔, 다니엘의 나이도 성경은 말하지 않는데, 다리오의 나이가 62세가 되었다는 것을 굳이 밝힌 이유는 바로 그 '70년'이 임박했다는 사실을 보여 주기 위함입니다.

혹여 현재 고통스러운 나날들을 보내고 있다면 이 『다니엘 수업』을 통해 용기를 얻었으면 좋겠습니다. 그 옛날 멸망할 나라의 백성이었던 예레미야나 다니엘과 하나님이 함께하셨다면, 지금도 우리와 함께하시는 것은 당연합니다. 70년의 세월을 채워 온 다니엘을 통해 하나님의 형상을 완성해 가신다면, 우리가 현재 겪는 어두운 터널 같은 시간 역시 하나님이 우리를 온전한 형상으로 완성해 가시는 과정이 될 겁니다.

다리우스 1세 인장과 사자 굴

대영박물관 52관은 페르시아의 유물들이 전시되어 있습니다. 이곳에서는 교과서에서나 접하던 인물들의 이름을 발견할 수 있습니다. 많은 사람들이 알고 있는 '마라톤 전투'는 주전 490년에 페르시아의 다리우스 1세(Darius 1)와 그리스 아테네의 밀티아데스(Miltiades) 사이에 벌어졌던 전투입니다. 52관에서는 바로 그 다리우스 1세의 흔적을 볼 수 있습니다. 참고로 마라톤 전투의 다리우스 1세가 페르시아 왕이라면, 다니엘서의 다리오(다리우스)는 메디아의 왕이기에 다른 인물입니다.

인장을 보면 전차를 탄 다리우스 1세의 모습이 보입니다. 페르시아 병사가 전차를 몰고 있고, 다리우스 1세는 사자에게 활을 쏘아 죽이고 있습니다. 사자 사냥의 전통은 아시리아로부터 유래되었습니다. 그 시대 왕들이 자신의 권력을 과시하기 위해서 사자들을 죽였던 것을 이미 앞에서 살펴보았습니다. 사자를 희생시켜서 왕권을 선전하는 도구로 활용했습니다.

앞에서도 언급한 것이 페르시아의 관용 정책입니다. 페르시아는 앞선 나라들의 기술과 문화는 물론, 종교까지 수용하여 통합된 문명

아시리아의 사자 사냥, 10관

다리우스 인장, 52관

을 꽃피웠습니다. 그런 목적으로 제국의 통합을 위해 포로들을 본국으로 돌려보냈고, 그들의 종교까지 인정해 주었습니다. 제국 전체가 다양성의 힘을 발휘함과 동시에 속주들의 자치를 확대하여 경제 발전을 이룬다면 막대한 세금을 얻을 수 있으리라 믿었던 겁니다.

더구나 출신과 혈통에 상관없이 능력만 있으면 고위직에 오를 수 있었습니다. 페르시아는 유대인들과 같은 약소민족에게는 기회의 땅이나 마찬가지였습니다. 페르시아 왕비의 자리까지 올라갔던 에스더나 술 맡은 관원장이었던 느헤미야는 그런 기회를 붙잡은 대표적인 인물들이었습니다.

그런데 반대로 기존 세력에 소속된 인물들이 봤을 때, 소수민족 출신이 고위직에 오르는 것은 껄끄러운 상황이었을 겁니다. 자신들의 자리를 빼앗긴다고 느꼈을 것이기 때문입니다. 이런 역사적 배경이 다니엘서에 담겨 있습니다.

다리우스 1세의 전차 위에 새겨진 것은 페르시아의 최고신 아후라 마즈다(Ahura Mazdah)입니다. 이 신은 조로아스터교의 구심점이 되는 존재입니다. 이 신을 숭배하는 페르시아가 바벨론을 무너뜨렸을 때, 다니엘은 최고 고관 3인 중의 한 명이었습니다(단 6:1~2). 그렇다면 유다 포로 중 옛 바벨론 시대의 관리이자 다른 신을 섬기던 다니엘을 탐탁지 않게 생각하는 사람들이 많았던 것은 어쩌면 당연한 일입니다.

다니엘은 아후라 마즈다를 숭배하는 대신 야훼를 섬겼다는 이유로 사자 굴에 들어갑니다. 여기서 '사자 굴에 들어갔다'는 표현을 동화 속 허구의 이야기처럼 여길 수도 있겠지만, 다리우스 1세의 인장에 사자가 새겨져 있음을 잊지 말아야 합니다. 이것이 아시리아의 사자 사냥을 수용한 흔적이라면, 실제로 사자들을 사육했던 장소도 있었을 겁니다. 이런 장소를 성경에서는 "사자 굴"(단 6:7)로 언급했던 겁니다. 마라톤 전투, 조로아스터교, 사자 굴, 관용 정책이 다니엘과 이런 연결고리를 갖고 있습니다.

그렇다면 고레스가 본국으로 돌아가라는 칙령을 내렸고, 스룹바벨과 함께 많은 유대인들이 본국으로 돌아갔을 때에도 다니엘은 귀환하지 않고 페르시아에 잔류하다가 사자 굴에 들어간 것이 됩니다. 이 사건을 어떻게 이해할 수 있을까요? 그는 바벨론에서 총리가 되었듯이 페르시아에서도 총리가 되고 싶은 야망이 있었던 걸까요? 권력에 미련이 남았던 걸까요?

하나님의 역설, 부정한 다니엘

어쨌든 주전 539년의 고레스 칙령 이후, 다니엘이 예루살렘으로 귀환하지 않았던 것은 확실합니다. 정확한 내용은 알 수 없지만 가장 설득력 있는 이유는 이렇습니다.

다니엘은 바벨론에 포로로 잡혀 오면서 환관장의 보호 아래에서 양육되었습니다. 다니엘과 세 친구는 바벨론에서 환관으로 길러지기 위한 과정을 거쳤습니다. 그래서 다니엘서를 아무리 샅샅이 살펴보아도 그가 결혼을 했다거나, 가족이 있었다는 기록이 없습니다. 과거 이사야 선지자는 바벨론과 관련된 예언을 이렇게 했습니다.

> 16이사야가 히스기야에게 이르되 여호와의 말씀을 들으소서 17여호와의 말씀이 날이 이르리니 왕궁의 모든 것과 왕의 조상들이 오늘까지

쌓아 두었던 것이 바벨론으로 옮긴 바 되고 하나도 남지 아니할 것이

요 18또 왕의 몸에서 날 아들 중에서 사로잡혀 바벨론 왕궁의 환관이

되리라 하셨나이다 하니 왕하 20:16~18

이사야의 예언을 생각해 보면, 다니엘은 왕족과 귀족들의 자녀 중

한 명으로 바벨론에 잡혀 왔습니다(단 1:3). 다니엘이 경험했던 이 사건

은 이사야가 남긴 예언과도 일치합니다. 아래의 구절처럼 말입니다.

또 네게서 태어날 자손 중에서 몇이 사로잡혀 바벨론 왕궁의 환관이

되리라 하셨나이다 하니 사 39:7

따라서 다니엘이 바벨론에 잡혀 와서 이런 처지가 되리라는 것은

수백 년 전부터 하나님의 계획이었다고 볼 수 있습니다. 그리고 실제

로 그가 환관처럼 되었다면 절대로 예루살렘으로 돌아갈 수 없었습니

다. 율법이 그것을 증언합니다.

고환이 상한 자나 음경이 잘린 자는 여호와의 총회에 들어오지 못하

리라 신 23:1

율법에 따라 다니엘은 부정한 사람이 되어 영원히 거룩한 회중 속

으로 들어올 수 없었습니다. 다니엘은 예루살렘으로 돌아가지 '않은'

것이 아니라 돌아가지 '못한' 것으로 볼 수밖에 없습니다.

앞에서 느부갓네살 왕이 여호야김을 쇠사슬로 결박해서 바벨론으

로 잡아갔음을 살펴보았습니다. 여기서 "쇠사슬로 결박"(대하 36:6)했다

는 표현을 상징적인 의미로 보는 학자들이 많습니다. 왜냐하면 주전 605년 느부갓네살의 1차 침공 이후에도 한동안 그가 왕위를 유지했기 때문입니다. 하지만 물리적으로 잡혀갔다고 볼 수도 있습니다. 그럴 경우 일정 기간 갇혀 있다가 바벨론이 어떤 의도를 가지고 그를 예루살렘으로 돌려보낸 겁니다.

본래 여호야김은 이집트가 여호아하스를 폐위하고 세운 친이집트 꼭두각시 왕이었습니다. 바벨론은 그런 여호야김을 친바벨론 성향으로 바꾸어야 했습니다. 이집트를 침공하는 교두보로 유다를 활용하기 위해서였습니다. 그래서 그를 잡아갔지만 제 역할을 하도록 풀어 준 겁니다. 그렇다면 다음 구절들이 더 의미 있게 다가옵니다.

> 여호야김 시대에 바벨론의 왕 느부갓네살이 올라오매 여호야김이 삼 년간 섬기다가 돌아서 그를 배반하였더니 왕하 24:1

> 또 왕이 지정하여 그들에게 왕의 음식과 그가 마시는 포도주에서 날마다 쓸 것을 주어 삼 년을 기르게 하였으니 그 후에 그들은 왕 앞에 서게 될 것이더라 단 1:5

우리는 앞서 [표2]를 통해 바벨론의 세 차례 침공에 대해 정리했습니다. 그에 따르면 바벨론의 느부갓네살은 주전 605년 예루살렘 1차 침공 때에 여호야김을 포함한 왕족 일부를 포로로 잡아갔습니다. 만일 바벨론이 3년 후 여호야김을 예루살렘으로 돌려보냈다면, 위의 구절들은 우리의 가슴을 아프게 합니다. 왜냐하면 여호야김이 1차 침공 3년 후였던 주전 602년에 바벨론을 배반하고 다시 이집트를 의지하다가 주전 597년에 2차 침공을 받게 되기 때문입니다.

소년 다니엘은 악하고 무능한 왕이었던 여호야김으로 인해 바벨론에 잡혀 온 무고한 인물이자, 왕족 혹은 귀족의 자녀였습니다. 함께 잡혀 온 여호야김이 3년 후 예루살렘으로 돌아갔다면, 이 '3년'이라는 시간은 다니엘과 세 친구에게는 절망스러운 시기였을 겁니다. 여호야김 때문에 이 소년들도 바벨론 포로로 잡혀 왔는데, 정작 여호야김은 돌아가서 바벨론에 반항했던 반면 소년들은 돌아갈 수도 없는 환관으로 길러지고 있었기 때문입니다. 무심해 보이는 '3년' 속에 눈물 겨운 의미가 보입니다.

그렇지만 하나님은 율법적으로 '부정한' 다니엘을 사용하셨습니다. 바벨론에서 하나님 나라를 드러내는 도구로 삼으셨습니다. 바벨론의 뒤를 이은 페르시아는 다니엘을 죽이려고 했지만, 하나님은 사자 굴에서도 그를 살리셨습니다. 이것이 하나님이 보어 주시는 인생의 역설입니다. 우리는 종종 다니엘이 어떤 교육을 받았기에, 혹은 얼마나 하나님을 잘 믿었기에 총리의 자리까지 올라갔는가 하고 의문을 가지곤 합니다. 그래서 다니엘의 성공 비결을 "뜻을 정하여"(단 1:8)라는 구절에서 찾아 그의 결단, 혹은 신앙 교육을 중요히 생각합니다.

그런데 하나님은 보기 좋게 그런 가능성을 차단하십니다. 부정한 사람을 위대하게 사용하시는 하나님의 계획이 다니엘에게 있었다는 것이 좀 더 적절한 표현이 아닐까요? 다니엘은 하나님의 계획에 뜻을 정해서 맞추었습니다. 이것이 부정한 사람을 사용하시는 하나님의 역설입니다. 하나님이 그런 다니엘을 사용하셨다면 우리 인생도 사용하시지 못할 이유는 없습니다.

사랑과 정의를 행하라

중세 시대에 윌리엄 오컴(William of Ockham)이라는 인물이 있었습니다. 특히 '오컴의 면도날'이라는 용어로 유명한 사람입니다. 이 용어는 논리적인 추론과 가설을 통해 문제를 해결해 가는 과정에서 불필요한 것들을 제거해서 가장 단순한 설명을 제시하는 것이 합리적이라고 주장한 것에서 비롯된 말입니다.

다니엘은 바벨론에서 활동한 관리였으나 페르시아 시대에도 활약했습니다.

> 이 다니엘이 다리오 왕의 시대와 바사 사람 고레스 왕의 시대에 형통하였더라 단 6:28

이 구절에서 다니엘이 페르시아 시대에도 '형통'했다는 표현이 눈에 띕니다. 그는 격동의 시기에도 어떻게 형통할 수 있었을까요?

페르시아는 고레스, 캄비세스, 다리우스 1세, 크세르크세스로 이어지며 세계사에서 그 존재감을 드러내는 나라였습니다. 다리우스 1세와 크세르크세스는 세계의 패권을 두고 그리스와 경쟁하며 마라톤 전투, 스파르타 3백 용사, 살라미스 해전 등의 사건을 일으킨 장본인들이었습니다. 페르시아 제국의 정점을 이끈 군주들이었습니다.

> 나는 위대한 왕 크세르크세스다. 왕들 중의 왕이요, 모든 인류와 나라의 왕이며, 이 넓고 광대한 땅의 왕으로, 아케메네스 왕조의 다리우스의 아들이다. [33]

52관에는 대략 주전 485~480년 무렵에 작성한 것으로 알려져 있는 크세르크세스의 기록물이 있습니다. 이런 정치적 선전 기록을 만든 후 크세르크세스는 그리스를 침공했을 겁니다. 이렇게 당시 제국의 군주들은 자신의 권력을 알리고 역사 속에서 존재감을 과시했습니다.

나이를 감안한다면 다니엘은 크세르크세스가 등장하기 전, 심지어 다리우스 1세가 다스리던 시기에도 존재하지 않았을 겁니다. 그렇지만 제국의 군주가 이렇게 자신을 과시하던 것은 다니엘이 살았던 고레스 시대에도 마찬가지였을 겁니다. 고레스 칙령에서도 볼 수 있듯이 군주가 왕의 왕이고, 신으로 여겨지던 시기에 야훼를 섬기던 다니엘이 형통할 수 있었던 것은 그가 하나님 나라를 충실히 드러내고 있었기 때문입니다.

윌리엄 오컴을 다시 떠올려 보겠습니다. 복잡한 가설과 추론을 잘라 내고 가장 단순한 내용으로 다니엘을 정리해 보는 겁니다. 우리는 어떻게 하나님 나라를 드러낼 수 있을까요? 뜻을 정하고, 우상에게 굴복하지 않고, 하루에 세 번씩 하나님께 무릎을 꿇어서 감사하며 기도하면 지혜가 생기고 총리의 자리에 가게 될까요(단 6:10)? 그러면 하나님 나라를 드러내고, 형통할 수 있을까요? 이런 장황한 설명을 제거하고 간단히 생각해 보면 어떨까요? 다니엘은 우리에게 분명한 메시지를 던집니다.

사랑과 정의를 행하라(단 4:27)!

윌리엄 오컴은 오컴의 면도날 외에도 '유명론(唯名論)'을 주창했습니다. 중세 스콜라 철학자들 간에 벌어진 '보편 논쟁'이 있었습니다. 보편적인 것은 실재(實在)하는가에 대한 논쟁이었습니다. 실재론자들은 보편적인 것은 존재한다고 했습니다. 반면 오컴 같은 유명론자들은 보편적인 것은 이름뿐이며, 실재하는 것은 개별 개체들이라고 말했습니다. 좀 어렵습니다.

예를 들어 목회자들이 설교 시간에 가장 많이 외치는 단어 중 하나가 '한국 교회'입니다. 설교 시간마다 '한국 교회가 어떻다 저떻다' 하는 이야기들을 참 자주 듣습니다. 그렇다면 '한국 교회'란 존재할까요? 실재론자들의 입장에서는 '한국 교회'가 존재한다고 말할 겁니다. 한국에 존재하는 수많은 교회들 속의 보편적인 특징을 '한국 교회'라고 말할지도 모릅니다. 반면 오컴과 같은 유명론자들에게 '한국 교회'란 없습니다. 존재하는 것은 A교회, B교회, C교회일 뿐인 겁니다.

오컴의 유명론은 루터의 종교개혁 사상에 영향을 줍니다. 실재론자라면 개혁이 어려울 수 있을 겁니다. 잘못된 교회를 개혁하고자 할 때, 보편적인 '거룩한 교회'가 실재한다고 보면 함부로 개혁을 시도할 수 없기 때문입니다. 반면 유명론을 따르면 그리스도의 교회답지 않은 것은 개별 교회들이기에, 이것은 얼마든지 개혁의 대상이라고 말할 수 있습니다.

다니엘이 살았던 페르시아 시대에 그가 형통할 수 있었던 것은 누구보다 하나님 백성다운 삶을 살았기 때문입니다. 고레스 같은 권력자들 앞에서도 당당하게 사랑과 정의를 외치고 행할 수 있다면 지금도 우리는 당당할 수 있으리라 믿습니다.

움베르토 에코(Umberto Eco)의 『장미의 이름』은 윌리엄 오컴을 모티브로 한 작품입니다. 주인공 윌리엄 수도사는 바로 윌리엄 오컴을 모델로 한 인물입니다.

'진리'를 지키기 위해 엄격한 종교적 규율을 강요하던 한 수도원에서 의문의 살인 사건이 발생하자, 윌리엄 수도사는 진상 조사를 위해 파견되었습니다. 그 '경건한' 수도원에서 한 인간은 규율의 엄격함에 짓눌린 개체에 지나지 않습니다. 예수께서는 그런 규율 강압적인 사회를 향해 "안식일이 사람을 위하여 있는 것이요 사람이 안식일을 위하여 있는 것이 아니니"(막 2:27)라고 분명히 말씀하셨습니다.

다니엘을 떠올리며, 엄격함을 강조하던 설교들이 제 기억 속에 스쳐 지나갑니다. 주일을 온전히 지키면 명문대에 갈 수 있다거나, 온전한 십일조를 하면 부자가 될 수 있다고 외치는 내용들이 그렇습니다. 축복을 제시하면서 사람들을 엄격함으로 짓누르는 행위에 대해 『장미의 이름』에서는 이렇게 말합니다.

> 이것이야말로 그리스도라는 정점을 중심으로 설교자가 대중의 신앙을 결집시키는 의식입니다. 말하자면 그런 참회 의식에 대한 두려움을 심어 주는 것이지요. 그들은 육체의 부활은 믿지 않고 육신의 상해와 불행만을 두려워할 뿐이지요. 그렇지만 사람들에게 필요한 것은 웃음입니다. '웃음'이라는 것은 그들에게 좋은 약이 될 수 있습니다. 웃음은 목욕과 같은 것이지요. 웃음은 사람의 기분을 바꾸어 주고, 육체에 낀 안개를 걷어 줍니다. 우울증의 특효약이라고 하면 어떨까요?[34]

『장미의 이름』에서 말하는 이런 내용을 다니엘은 '사랑과 정의'로 표현하고 있습니다. 예수께서도 율법의 핵심을 '사랑'이라는 한 단어로 요약하셨습니다. '진리'란 사랑과 정의를 기반으로 할 때 그 능력을 발휘할 수 있습니다. 그것이 전제되지 않은 진리는 독선이고, 심지어 위선이 될 수도 있음을 곱씹어 볼 필요가 있습니다. 진리를 외치는 현대 교회가 어떻게 진리를 이어 갈 수 있는지 다니엘과 『장미의 이름』은 우리에게 속삭입니다.

> 악마라고 하는 것은 영혼의 교만, 미소를 모르는 신앙, 자기만 옳다고 믿는 진리, 이런 게 바로 악마입니다. 가짜 그리스도는 지나친 믿음에서 나올 수 있고, 하나님이나 진리에 대한 지나친 사랑에서 나올 수도 있습니다. 성자 중에서 이단자가 나오고, 선견자 중에서 신들린 무당이 나오듯이, 진리를 위해 죽을 수 있는 자를 경계하십시오. 진리를 위해 죽을 수 있는 자는 대체로 많은 사람을 저와 함께 죽게 하거나 때로는 저보다 먼저, 때로는 저 대신 죽게 하는 법입니다. [35]

다니엘은 투쟁이다

지혜 있는 자는 궁창의 빛과 같이 빛날 것이요 많은 사람을 옳은 데로 돌아오게 한 자는 별과 같이 영원토록 빛나리라 단 12:3

한국인들이 가장 좋아하는 화가 빈센트 반 고흐(Vincent van Gogh)는 젊은 시절 전도사 활동을 하면서 목회자의 꿈을 꾸었습니다. 이것을 아는 사람들은 그리 많지 않습니다. 〈별이 빛나는 밤〉은 반 고흐의 가장 유명한 그림일 겁니다. 그는 하나님 말씀을 전하는 일에 삶의 부르심을 받고, 젊었을 때 런던의 빈민가에서 주일학교 교사와 전도사 사역을 했습니다. 벨기에 탄광 마을에서는 광부들과 생활하면서 말씀을 전했습니다. 이런 반 고흐의 행실을 보며 네덜란드 교회는 목회자로서 품위가 없다고 여겼으며, 결국 그는 목회자의 자격을 얻는 데 실패했습니다. 그 이후 짧은 생을 마감하기까지 그림을 그렸습니다.

그는 목회자가 되려고 하다가 화가로 전향한 것이 아니었습니다. 본질적으로 그에게 변한 것은 없었습니다. 젊은 시절에는 스피치로 하나님의 말씀을 전했다면, 화가가 된 이후로는 그림으로 말씀을 전했습니다. 〈별이 빛나는 밤〉은 이런 반 고흐의 신앙이 가장 잘 반영된 작품입니다.

얼핏 밤의 풍경화처럼 보이지만, 자세히 들여다보면 중앙의 교회, 올리브(감람) 나무로 둘러싸인 언덕, 하늘로 솟아오른 짙은 사이프러스 나무가 눈에 들어옵니다. 하늘에는 별이 공교롭게도 열두 개가 빛나고 있습니다. 더구나 사이프러스 나무는 십자가의 재료였습니다. 열두 개의 별, 올리브 동산, 하늘까지 닿은 사이프러스는 우리의 심장을 뛰게 만듭니다. 이런 요소들이 겟세마네의 재현이기 때문입니다.

이 그림은 반 고흐가 가장 암울했던 시간, 즉 생 레미 정신병원에

〈별이 빛나는 밤〉 빈센트 반 고흐, 1889

있을 때 창살 너머를 보며 그렸습니다. 남프랑스를 바라보았지만 이와 동일한 풍경은 없습니다. 사이프러스 나무는 반 고흐를 지탱하던 신앙이었고, 교회는 아버지가 목회하던 건물을 상상한 겁니다. 비록 그는 곤고한 현실을 살고 있었지만, 그럼에도 그를 지탱해 준 것은 말씀이었습니다.

우리는 모두 이 땅에서 순례자들이다(시 119:19).

성경은 우리가 나그네 곧 순례자임을 밝힙니다. 순례자라면 필연적으로 내적인 갈등, 가치관 사이의 투쟁을 경험합니다. 순례자 자신을 지탱하는 법과 그가 발을 디딘 땅의 법 사이에서 발생하는 갈등 말입니다.

10대 시절, 반 고흐는 그림을 팔면서 이미 당시 노동자 평균 연봉의 세 배나 되는 돈을 받았습니다. 세상의 법은 그를 보며 성공했다고 말하겠지만, 하나님과의 관계에서 봤을 때 그것은 실패였습니다. 그림을 그리며 말씀을 전하는 삶을 승리라고 믿었지만, 정작 가족들의 평가는 한심하고 자기 앞가림도 못하는 패배자에 불과했습니다.

우리가 본향을 향해 걸어가는 제대로 된 순례자라면 다른 법 사이에서 발생하는 갈등, 그리고 투쟁 속에서 고뇌하고 결정하는 과정을 겪는 것은 지극히 당연한 일입니다. 진정한 가치를 선택할 때 이 그림처럼, 우리는 하늘의 별처럼 빛날 겁니다.

대영박물관 1층 아시리아 전시관 부근에서 볼 수 있는 '페니키아 선박' 전시물입니다. 고대 세계에서 가장 발달한 항해술을 보유한 민족, 그래서 무역을 통해 막대한 경제적 이득을 취한 민족이 페

페니키아 선박, 9관

니키아인들입니다. 그 페니키아인들이 최초로 알파벳을 고안했다는 사실은 우연이 아닐 겁니다. 이 페니키아의 선박을 아시리아 사람들도 사용했습니다. 즉, 이 선박은 아시리아인들의 소유지만 'made in 페니키아'입니다.

페니키아 선박은 당시 세상에서 가장 안전한 교통수단이었습니다. 결코 침몰하지 않는다는 평가를 받고 있었습니다. 반면 아시리아는 뛰어난 문명을 갖고 있었으면서도 정복 국가로서의 잔혹함과 파괴적인 면모를 과시한 나라였습니다. 이 아시리아와 페니키아의 이야기가 하나로 이어지는 장면이 요나 선지자 사건입니다.

하나님은 잔인한 민족이었던 아시리아인들의 수도 니느웨에 가서 회개를 전하도록 요나 선지자를 부르셨습니다. 그러나 아시리아의 악랄함이 어떠한지를 알았던 요나는 아시리아로 향하지 않고 욥바 항구에서 페니키아 선박을 타고 다시스로 향했습니다.

당시는 지중해를 대해(大海)로 부르던 시절이었습니다. 그 시대 사람들은 오늘날 스페인과 모로코 사이의 좁은 해협인 지브롤터 해협을

헤라클레스의 두 기둥으로 생각했습니다. 이 해협 밖을 세상의 끝이라고 여겼습니다. 많은 학자들이 요나가 가려 했던 다시스를 지브롤터 해협 밖에 위치한 스페인의 카디스(Cadiz)라는 도시로 생각합니다. 실제로 카디스박물관에는 오래된 해양 민족들의 유물이 전시되어 있습니다.

카디스박물관에서는 선사 시대의 유물은 물론, 고대 지중해를 재패했던 페니키아인들의 해양 문명 흔적들도 엿볼 수 있습니다. 하나님은 요나에게 니느웨로 가라고 하셨지만, 요나는 페니키아 사람들이 만든 배를 타고 '세상 밖'으로 나가려고 했습니다. 세상 밖으로 나가 버리고 싶을 만큼 하나님의 명령이 원망스러웠던 겁니다. 그는 폭풍 속에서도 배 밑에서 잠이 들 만큼 페니키아 선박을 신뢰했고, 자신의 계획에 만족했던 것 같습니다.

현재 신학자들은 이 요나의 이야기를 허구로 인식합니다. 요나가

해양 민족의 유물들, 카디스박물관

물고기 배 속에 들어갔다는 기록을 황당하게 느끼는 것일지도 모릅니다. 그렇지만 '고래'라는 명칭이 중세 시대에야 등장했다면, 아주 오래 전 고대 시대의 사람들은 고래를 '큰 물고기'로 표현했을 겁니다. 지중해에 서식하는 고래는 향유고래로서 동물들 중에서 가장 뇌 용량이 크고, 사람을 삼킬 만큼 목구멍 크기도 크다는 점이 흥미롭습니다.

요나가 고래 배 속에 들어간 사건은 예수께서도 인정하신 일입니다. 왜냐하면 그리스도의 죽음과 부활(마 12:40)을 상징하는 사건으로 요나 이야기를 제시하셨기 때문입니다. 물고기 배 속에 들어가는 설정은 단순히 불순종한 선지자가 벌을 받은 이야기가 아니라 인간을 구원하신 구속의 관점에서 매우 중요합니다. 고래 배 속은 인간의 죽음을, 배 속의 3일은 그리스도의 죽음과 부활을, 니느웨로 향하는 것은 그리스도인의 사명을 의미하기 때문입니다.

이탈리아에서 신학을 공부한 후 언론인으로 활동했던 카를로 콜로디(Carlo Collodi)는 아이들에게 인간의 자유의지, 하나님이 육신을 입고 세상에 오신 사건을 가르치기 위해 『피노키오』라는 작품을 썼습니다. 피노키오가 제페토 할아버지에게 순종하지 않고 방황하다가 향유고래 배 속으로 들어갔는데, 할아버지가 그 고래 배 속까지 찾아왔다는 설정은 요나의 이야기와 그리스도의 은혜를 보여 주는 그림자입니다.

피노키오를 향한 하나님의 마음

구약의 하나님을 잔인한 분으로 인식하는 경우를 많이 봅니다. 죽이고, 진멸하고, 벌을 주는 존재로 많이 묘사되었기 때문입니다. 만약

그런 하나님이기만 했다면 아시리아는 진멸당할 1순위의 민족이었는
지도 모릅니다. 그렇지만 하나님은 '피노키오' 같은 아시리아 사람들
을 위해 요나를 택하여 보내셨습니다. 아시리아 한가운데에 있는 니
느웨로 말이지요.

대영박물관 55관의 바벨론 진열장 맞은편에 아시리아 진열장이 있
는데, 거기서 니느웨 도서관에서 출토된 엄청난 양의 쐐기문자 문서들
을 볼 수 있습니다. 고대 메소포타미아 문명에서 발행한 길가메시 서
사시를 포함한 3만 점 이상의 문서를 보유하고 있습니다.

이 방대한 기록들 속에서 실제로 주전 8세기에 일어났던 개기일식
의 흔적을 확인할 수 있습니다. 위키피디아 백과사전에 따르면 1867
년 영국의 고고학자 헨리 롤린슨(Herny Rawlinson)은 주전 763년 6월 15
일에 개기일식이 있었음을 알아냈습니다. 당시 아시리아는 아수르 단
3세(Ashur-dan 3)가 통치하던 시기였습니다. 같은 내용을 브리태니커 백
과사전을 통해서도 볼 수 있는데 "아시리아 개기일식"을 검색하면 다

아시리아의 쐐기문자 문서들, 55관

음과 같은 내용을 접할 수 있습니다.

> 아시리아 연대기는 아테네의 아르콘이나 로마의 집정관 이름을 표기
> 하여 자신들의 연도를 표기하는데, 그 쐐기문자에는 주전 763~762년
> 에 있었던 일을 기록한다. 그 내용은 이렇다.
> "그 도성에 반란이 일어났는데, 5~6월경에 거대한 개기일식이 일어났
> 기 때문이다."
> 이 쐐기문자의 기록을 토대로 연대를 조사해 보면 주전 763년 6월 15
> 일에 거대한 개기일식이 일어났음에 틀림없다. 이 시기라면 성경의
> 기록과 일치한다.
> "주 여호와의 말씀이니라 그날에 내가 해를 대낮에 지게 하여 백주에
> 땅을 캄캄하게 하며"(암 8:9)
> 아모스는 여로보암 2세(주전 786~746)가 통치하던 시절에 활동을 했는
> 데, 이 개기일식은 이스라엘에서도 식별했을 것이다. [36]

고대 시대의 개기일식은 신의 진노로 인식될 만큼 엄청난 사건입
니다. 그 시기가 요나, 아모스가 활동했던 시기와 겹칩니다. 더구나 요
나 선지자의 회개를 들었던 사람들의 반응은 위의 개기일식 당시 사람
들의 반응과 비슷합니다. 이런 내용들을 종합해 본다면 요나 선지자
의 기록을 신화로만 치부할 수 있을까 하는 생각이 듭니다. 이 기록이
사실이라면, 하나님은 무조건 진노와 복수를 하시는 존재가 아니라
불순종한 사람들에게도 회개의 손길을 내미는 분이십니다.

복음은 평화이지만 동시에 투쟁이기도 합니다. 무슨 말일까요? 요
나에게는 아시리아 사람들에게 찾아가는 것이 내적 투쟁이었습니다.

정상적인 유대인들의 정서로는 결코 아시리아 사람들의 구원을 외치지 못했을 겁니다. 예수님은 원수까지도 사랑하라고 말씀하셨습니다. 그 당시 유대 사회를 점령했던 로마인들은 두려움의 대상이었고, 로마의 부역자들은 혐오의 대상이었습니다. 그들을 용서하는 것 역시 크나큰 내적 투쟁이었습니다.

분명한 것은 예수님이 죄인들과 버림받은 자들을 찾아가 친구가 되셨고, 자신을 따르는 이들에게도 그렇게 하라고 명령하셨다는 사실입니다. 그리스도를 따른다는 것은 정상적인 감정과 하나님이 주시는 감정 사이의 투쟁을 겪는 일입니다. 이 투쟁을 극복하는 과정이 그리스도인들의 책임과 고난의 구체적인 실체입니다. 사랑하는 사람만 사랑하는 것은 누구나 할 수 있습니다(마 5:46). 이런 투쟁 속에서 복음의 꽃이 드러날 겁니다.

사마리아 사람들을 향한 두 얼굴

예수님 시대에 유대인들은 사마리아 사람들과 상종조차 하지 않았습니다. 과격한 생각을 가진 제자들은 사마리아 사람들을 불살라 버리려는 마음도 서슴없이 내뱉었습니다(눅 9:54).

'사마리아 사람'의 기원은 앞에서 살펴본 것처럼 아시리아가 주전 722년에 북이스라엘을 멸망시킨 사건에 있습니다. 아시리아는 정복당한 민족들이 저항을 하지 못하도록 혼혈 정책을 폈습니다. 상당수의 북이스라엘 사람들을 사로잡아 제국 내 다른 곳으로 이주시켰고, 그 빈자리에는 다른 곳에 살던 민족들을 유입시켰습니다. 아시리아의 에살핫돈 왕이 주전 7세기에 이런 정책을 취했기에 남유다 사람들은 사마리아 지역의 사람들이 '다른' 민족으로 변해 가는 과정을 지켜보게 되었습니다. 그렇게 사마리아 사람이 등장했습니다.

그리고 한 세기 넘게 시간이 흘렀습니다. 아시리아는 바벨론에 의해 무너졌고, 결국 유다 사람들도 바벨론에 포로로 잡혀갔습니다. 피정복민에게 혼혈 정책을 취했던 아시리아와 달리, 바벨론은 유다 지역에서 잡아 온 사람들을 다른 포로들과 구별했습니다. 그들을 '유대인'이라는 명칭으로 불렀고, 자치 공동체를 형성할 수 있도록 배려를 해 주었습니다. 그 공동체 속에서 제사장과 재판장과 선지자들이 활동을 했습니다. 바벨론 내의 작은 유대 공동체를 형성한 셈입니다.

이렇듯 역사를 놓고 보면 유대인들이 사마리아 사람들을 혐오한 것이 이해되지 않습니다. '유대인'과 '사마리아인'이라는 정체성이 형성된 배경은 그들의 의지와는 무관했습니다. 강대국의 정책으로 인한 결과인 겁니다. 바벨론은 유대인들에게 혼혈 정책을 취하지 않았기에, 페르시아 시대가 도래하자 자체 공동체를 이룬 유대인들 다수는 굳이 폐허가 된 예루살렘으로 돌아가기보다 페르시아에 잔류해서 성공과 안정을 꾀했습니다.

만일 아시리아가 남유다를 침공했고, 바벨론이 북이스라엘을 침공했더라면 어땠을까요? 역으로 '선한 유대인'이라는 말이 나오지 않았을까요? 과연 유대인이 사마리아인보다 더 뛰어난 점이 있었을까요? 아무것도 없습니다. 그럼에도 불구하고 유대인들은 사마리아 사람들을 냉혹하게 경멸했습니다.

영국 맨체스터박물관에서 볼 수 있는 안티오코스 4세(Antiochus 4) 때 발행된 동전입니다. 안티오코스 4세는 주전 2세기에 유다를 포함

안티오코스 4세의 동전(왼쪽)과 히르카누스의 동전(오른쪽), 맨체스터박물관

한 주변 지역을 지배했던 셀레우코스 왕조의 왕입니다. 그는 예루살렘 성전을 장악했고, 유대인들에게 율법과 할례를 금지시켰습니다. 종교 적으로 박해한 겁니다. 그로 인해 유대인들의 반감을 샀고, 결국 주전 167~164년에 걸쳐 마카비 항전이 벌어졌습니다.

이때 예루살렘 성전을 탈환한 유대인들은 그것을 기념하여 '하누 카', 즉 수전절을 지키기 시작했습니다. 그리고 주전 142년에는 하스 몬 가문의 시몬이 마침내 독립까지 쟁취했습니다. 주전 586년에 예루 살렘 성전이 파괴되고 주권을 상실한 이후 444년 만에 유대 독립 국 가를 세운 겁니다. 주전 134년 시몬을 이어 왕이 된 요한 히르카누스 (John Hyrcanus)는 다음과 같은 정책을 취했습니다.

사마리아 사람들은, 알렉산더가 대제사장 야두아(Jaddua)의 사위가 되 는 마낫세(Manasseh)를 위해 군대 장관 산발랏(Sanballat)을 시켜서 예루 살렘의 성전을 본떠서 그리심 산에 세운 성전 주위에 살고 있었다. 히 르카누스는 이들에게 할례를 행하게 하고, 유대 율법을 지키는 것을 조건으로 사마리아에서 살게 했다. 이에 사마리아 사람들은 조상의

뼈가 묻힌 고향을 떠나가기 싫었기 때문에 할례를 받았으며, 유대인의 삶의 방식을 따랐다.[37)]

독립된 유대 국가를 다스렸던 요한 히르카누스는 사마리아 사람들을 억압하는 정책을 폈습니다. 위에는 그가 발행한 동전의 사진이 나와 있습니다. 그가 왕권을 잡은 이후 유대인의 나라는 국경이 더 탄탄해지고, 정복 지역도 더 넓어졌습니다. 그로부터 얻는 세금과 수입으로 인해 나라의 경제력은 더욱 좋아졌을 겁니다. 안타까운 것은 불과 30년 전에 율법과 할례 문제로 억압을 받아 마카비 항전까지 일으킨 유대인들이었는데, 독립을 하고 권력을 잡자 사마리아 사람들에게 똑같은 칼날을 들이댔다는 점입니다.

이를 보며 우리는 무엇을 위해 투쟁해야 하는지 생각하게 됩니다. 어쩌면 우리는 비기독교 지역을 정복하고 차지해서 기독교의 '통계적' 비율을 높이기 위해 투쟁해 왔던 것은 아닐까요? 만약 성경이 이것을 명령한다면 우리는 힘을 갖추고 고지를 점령해서 기독교를 강요하는 방식을 취해야 합니다.

그러나 하나님 나라는 그렇지 않습니다. 우리의 투쟁 대상은 외부가 아니라 내부에 있습니다. 하나님 나라를 가로막는 탐욕과 인습, 부당함, 위선 등은 우리 안에 있습니다. 그 투쟁에서 이길 때, 복음은 이 세상에서 선명하게 빛날 겁니다. 만일 사마리아 사람들에게 이런 이중적인 잣대만 들이대지 않았더라도 역사는 많이 변했을 겁니다. 혹시 이 시대에 우리가 만드는 '사마리아 사람'은 없는 걸까요?

셉나를 지탱한 이집트 세계관

56관 메소포타미아관을 지나 57관 레반트 전시관에 들어서면 문설주 위에 네모난 돌 하나가 걸려 있는 것을 볼 수 있습니다. 이것은 셉나의 무덤 묘석입니다.

셉나는 히스기야가 아시리아 산헤립의 침공을 받던 시대에 활동하던 인물입니다. 나라가 멸망할지도 모르는 그 절체절명의 상황에서 히스기야는 기도했습니다. 당시 산헤립은 예루살렘과 히스기야를 마치 '새장에 갇힌 새'처럼 포위했습니다. 공포에 떨기는 히스기야뿐 아니라 예루살렘 주민들도 마찬가지였습니다. 산헤립은 장수 랍사게를 통해 히스기야에게 항복할 것을 협박했고, 그때 예루살렘을 대표하는 세 인물이 나서게 되었습니다.

> 18그들이 왕을 부르매 힐기야의 아들로서 왕궁의 책임자인 엘리야김과 서기관 셉나와 아삽의 아들 사관 요아가 그에게 나가니 19랍사게가 그들에게 이르되 너희는 히스기야에게 말하라 대왕 앗수르 왕의 말씀이 네가 의뢰하는 이 의뢰가 무엇이냐 왕하 18:18~19

셉나의 무덤 묘석, 57관

열왕기하를 보면 랍사게의 말투와 내용이 무척 고압적이었음을 알 수 있습니다. 이 장면에서 셉나는 서기관으로 소개되는데, 그가 백성의 대표 3인 중 한 명이었다면 무척 높은 관리였을 겁니다. 그런데 이사야 선지자는 이런 셉나를 호되게 책망하며 경고합니다. 셉나가 어떠했기에 이사야는 이런 이야기를 했을까요?

> 15주 만군의 여호와께서 이르시되 너는 가서 그 국고를 맡고 왕궁 맡은 자 셉나를 보고 이르기를 16네가 여기와 무슨 관계가 있느냐 여기에 누가 있기에 여기서 너를 위하여 묘실을 팠느냐 높은 곳에 자기를 위하여 묘실을 팠고 반석에 자기를 위하여 처소를 쪼아 내었도다   사 22:15~16

셉나는 서기관으로서 국고를 맡은 자였습니다. 즉 그는 성경을 잘 알았고, 부유한 인물이었습니다. 그럼에도 그는 나라가 기울어 가는 순간에 자신을 위해 무덤의 묘석을 꾸미고 있었습니다. 이 묘석이 예루살렘 근처 동굴에서 발견되었고, 1950년 무렵에 해독되었습니다. 해독된 내용은 이렇습니다.

> 여기 있는 사람은 왕궁을 관할하던 자이다. 여기에는 은과 금은 없고 자신과 그의 여종이자 아내였던 자의 뼈만 있을 뿐이다. 이 무덤을 여는 자에게 저주가 임하리라. 38)

셉나의 묘석에 새겨진 내용 마지막에 낯익은 구절이 보입니다. "이 무덤을 여는 자에게 저주가 임하리라"라는 경고입니다. 이 비문은 이집트 투탕카멘의 비문을 모방한 겁니다. 아시리아가 침공했을 때, 그 다급한 상황에 왕 히스기야는 하나님을 의지했지만, 서기관 셉나는 이집트로부터 원군을 기다리고 있었습니다(왕하 18:21). 비문이나 정치적 성향을 볼 때 그는 친이집트 관리였습니다.

이 당시 이집트 세계관을 이해하면 셉나의 무덤이 어떤 의미인지도 이해가 됩니다. 파라오를 비롯한 이집트 사람들은 죽음 이후에 사후 세계로 이동한다고 믿었습니다. 그런 세계가 있기 때문에 미이라를 만들었고, 살아 있는 동안 사후 준비를 했습니다. 묘비와 무덤 준비를 하면 할수록 사후에 그만큼의 결과를 누릴 수 있다고 믿었으므로 돈과 권력이 있는 사람들은 막대한 재산을 투자해서 묘비를 만드는 일에 여념이 없었습니다.

아마르나 왕이었던 투탕카멘은 10세의 나이에 왕위에 올라 19세에 죽었습니다. 전쟁터에는 한 번도 나가지 못했고, 전사로서의 삶과는 무관하게 죽었습니다. 그러나 화려한 조각과 장식, 비문을 만들었고, 그의 무덤에는 엄청난 병력을 먹일 수 있는 과일과 음식을 채워 놓았습니다. 이것은 다 사후에 그것을 누릴 수 있다고 믿었기 때문이었습니다.

이집트 문화에서 볼 때 매장이란 영혼을 내세로 인도하는 의식이며, 묘비와 무덤을 치장하는 일이란 현세의 권력과 재산을 사후에도 누리겠다는 욕망의 표현입니다. 나라가 위태롭고 백성들이 빈곤으로 신음할 때에, 셉나라는 인물을 지탱하는 세계관은 율법이 아니라 이런 이집트 사람들의 가치관이었습니다. 그래서 이사야는 셉나의 최후까지도 언급했습니다.

17나 여호와가 너를 단단히 결박하고 장사같이 세계 던지되 18반드시 너를 모질게 감싸서 공같이 광막한 곳에 던질 것이라 주인의 집에 수

치를 끼치는 너여 네가 그곳에서 죽겠고 네 영광의 수레도 거기에 있
으리라 19내가 너를 네 관직에서 쫓아내며 네 지위에서 낮추리니 사
22:17~19

성경에서 셉나의 최후를 실제로 확인할 수는 없지만, 이사야의 예
언처럼 비참한 최후를 맞이했을 겁니다. 왜냐하면 그 예언은 하나님의
뜻이었기 때문입니다. 셉나의 미래가 우리에게 섬뜩하게 다가오는 이
유는 오늘날 '또 다른 셉나들'을 많이 보게 되기 때문입니다.

반복해서 말하지만 복음적인 삶은 가치관의 투쟁으로 이루어집니
다. 영원한 세계를 진리로 믿는다면 헛된 욕망을 탐하는 마음에 맞서
서 저항할 수 있어야 하지 않을까요? 기꺼이 하나님 나라의 가치를 택
해야 하지 않을까요? 강대상에서 천국을 외치는 설교들이 홍수를 이
루는데도 마음이 시원해지지 않는 이유는 강대상 밖에서는 이집트 가
치관에 집착하기 때문입니다. 간증을 하는 사람들의 고백을 듣지만,
그 받았다는 축복이 하나님의 응답인지, 아니면 하나님을 수단으로
삼아서 만든 '화려한 묘비'인지 구분하기가 어렵습니다.

페르시아의 바벨론 포로들

하나님의 백성이 허영심과 탐욕 앞에 굴복한 모습을 볼 수 있는 또
다른 사례는 바벨론 멸망 이후 페르시아 시대에 있습니다. 앞 장에서
주전 539년의 고레스 칙령에 대해서 살펴보았습니다. 스룹바벨과 함
께 유대 포로들이 예루살렘으로 돌아갔지만 다니엘은 페르시아에 머

페르시아 근위병, 52관

페르시아의 보물(왼쪽)과 왕실 술잔(오른쪽), 52관

물면서 사자 굴에 갇히는 고통을 겪었습니다. 다니엘은 돌아가지 않은 것이 아니라 돌아갈 수 없었습니다.

흥미로운 점은 에스라 2장부터 스룹바벨과 함께 본국으로 돌아간 유대인들의 명단이 지루할 정도로 자세히 소개되어 있다는 겁니다. 그 이유는 뭘까요? 절대다수의 유대인들이 페르시아에 잔류하며 안정적인 삶과 자녀의 교육, 성공의 기회를 모색했기 때문입니다. 52관 페르시아관에서는 그 당시 페르시아의 흔적들을 볼 수 있습니다.

52관 중앙에는 고레스 칙령이 있는데 그 주변에서 페르시아의 근위병을 그린 유물을 볼 수 있습니다. 페르시아 근위병은 소위 불사(不死) 부대로 알려진 왕의 근위대였습니다. 그 부대는 항상 1만 명의 정예 병력을 유지하면서 결원이 생겼을 경우 즉시 충원했습니다. 언제나 1만 명의 준비된 병력을 유지할 수 있었기에 '불사 부대'라는 칭호까지 얻었습니다.

또한 페르시아 왕실에서 사용하는 화려한 보물도 볼 수 있습니다. 왕궁에서 사용된 보물이라면 묘한 기분이 듭니다. 어쩌면 왕비의 자리까지 올랐던 에스더가 이 보물을 사용했을지도 모를 일입니다. 그러지 않았다면 적어도 이런 보물을 눈으로는 보았을 겁니다.

그 옆에서 왕실의 술잔도 볼 수 있습니다. 페르시아의 술잔이라면 떠오르는 인물이 있습니다. 바로 왕의 술을 담당하는 관원이었던 느헤미야입니다. 당시 왕의 음식을 담당하는 관리는 왕의 각별한 신뢰를 받는 인물이어야 했습니다. 느헤미야가 그 자리에 올랐다는 것은 그가 페르시아에서 차지하고 누렸을 높은 사회적 지위를 가늠해 보게 합니다.

이런 이유로 페르시아 시대가 열렸을 때, 다수의 유대인들은 예루살렘으로 돌아가지 않았습니다. 예루살렘에 가 봤자 성전은 무너져 있고, 땅은 황무했으며, 사마리아 사람들로 인하여 재건도 쉽지 않은 상황이었습니다. 우리가 만일 바벨론에서 태어난 2세들이라고 상상한 다면 페르시아 시대가 되었을 때 과연 가 본 적이 전혀 없는 예루살렘 으로 돌아가려고 했을까요? 오히려 유대인들에게는 에스더나 느헤미 야 같은 인물이 선망의 대상이었을 겁니다.

그러나 그런 염려를 이겨 내고 귀환하여 다시 하나님의 백성을 재 건하고자 한 사람들이 있습니다. 스룹바벨, 에스라, 느헤미야 같은 인 물들을 필두로 그들은 보잘것없어 보이는 제2성전을 세웠습니다. 다 시 약속의 땅에서 하나님과의 관계를 회복하고, 율법을 통해 정체성을 재정립했습니다. 그런 몸부림이 에스라, 느헤미야서의 행간에 나타나 는 정서입니다.

> 복 있는 사람은 악인들의 꾀를 따르지 아니하며 죄인들의 길에 서지
> 아니하며 오만한 자들의 자리에 앉지 아니하고 시 1:1

우리가 즐겨 암송하는 시편 1편은 누가, 언제 만들었을까요? 정확 한 저자와 상황은 알 수 없지만 가장 설득력 있는 견해는 이렇습니다.

시편은 다윗, 솔로몬, 고라 자손 등 다양한 저자들이 기록했지만, 150편으로 확립된 것은 에스라-느헤미야가 활동하던 무렵 유대교가 형성된 시기로 봅니다. 에스라가 수많은 유대인들 앞에서 율법을 낭 독하고 눈물을 흘렸던 주전 5세기 무렵입니다. 다수의 유대인들은 여 전히 페르시아에 잔류해 있을 때였습니다.

이 시기에 시편을 확립하며 "복 있는 사람은"으로 시작하는 시를

시편의 맨 앞에 배치한 이유를 주목해 볼 만합니다. 다수의 유대인들이 여전히 페르시아에 머무르고 있을 때, 하나님 앞에서 진정으로 복 있는 사람은 누구이며, 그는 어떤 선택을 해야 하는지를 일깨워 주기 때문입니다. 오늘날 우리는 어떤 선택을 해야 할까요? 어디에 우선순위를 두어야 할까요? 이런 배경을 생각하면 시편 1편이 더욱 의미 있게 다가옵니다.

한편 52관에서는 다리우스, 크세르크세스 등 페르시아 왕들의 이름과 흔적도 흔하게 볼 수 있습니다. 그중에는 수많은 사신들이 크세르크세스를 접견하러 오는 장면도 있습니다. 이 크세르크세스는 주전 486~465년에 페르시아를 통치한 왕인데 히브리어로는 '아하수에로'라 불립니다. 크세르크세스의 부친 다리우스 1세가 주전 490년에 그리스를 침공했고, 그로 인해 마라톤 전투가 벌어졌습니다. 다리우스 1세를 계승한 크세르크세스는 모든 국력을 쏟아부어 주전 480년에 다시 그리스를 침공했습니다. 이때 스파르타 3백 용사가 저항했고, 결국 살라미스 해전에서 그리스 해군에게 패하며 크세르크세스는 패퇴하여 본국으로 돌아갑니다.

그럼에도 크세르크세스와 관련된 흔적을 보면 페르시아의 영향력이 얼마나 강력했는지를 엿볼 수 있습니다. 사진 속 부조처럼 여러 지역에서 온 사신들이 페르시아의 복장을 하고 있고, 페르시아 문화에 동화된 흔적을 볼 수 있습니다. 이 시기에 페르시아에서 꽃을 피운 종교가 바로 조로아스터교였습니다. 이 조로아스터교는 훗날 여러 종교에 큰 영향을 주었습니다. 이는 유대교와 기독교도 마찬가지입니다.

그렇다면 페르시아의 왕궁까지 진출했던 에스더, 모르드개의 사례를 단순히 성공 스토리로만 치부할 수 있을까요? 이들과 동시대를 살

페르시아에 온 각국의 사신들, 52판

았던 페르시아 속 유대인들의 문제가 어렴풋이 느껴집니다. '에스더'라는 이름은 별(星)을 뜻하는 'astra'에서 유래되었습니다. 페르시아 종교의 영향을 받은 겁니다. 또 '모르드개'는 바벨론의 신이었던 '마르둑 예배자'라는 뜻입니다. 에스더나 모르드개가 자신의 이름을 스스로 지은 것은 아닐 겁니다. 따라서 이 시기 부모 세대들이 페르시아 사회에 동화되어 가는 흔적으로 볼 수 있습니다. 에스더는 이런 동화되는 위기의 시대에 유대인 멸절의 위기로부터 벗어난 이야기를 담고 있습니다.

탐욕의 유혹에 투쟁하는 방식

고레스가 귀환의 자유를 주었음에도 대다수 유대인들이 황폐한 예루살렘으로 돌아가기보다 페르시아에 잔류했다는 것을 생각해 보면 이 시대가 새롭게 보입니다. 에스더, 모르드개의 이름처럼 그 세대들은 페르시아에 동화되어 가고 있었습니다. 하만의 계략으로 유대인들이 위험에 처하게 되었을 때, 유대인들은 에스더와 모르드개를 통해 절체절명의 위기에서 벗어났습니다.

그렇지만 동시에 의외의 장면을 보게 됩니다. 이제 반대로 이스라엘 민족이 자신들을 위기로 내몰았던 민족들을 잔혹하게 학살하는 장면이 에스더에 그대로 기록되어 있기 때문입니다.

> 5유다인이 칼로 그 모든 대적들을 쳐서 도륙하고 진멸하고 자기를 미워하는 자에게 마음대로 행하고 6유다인이 또 도성 수산에서 오백 명을 죽이고 진멸하고 에 9:5-6

이 시기는 이스라엘 왕국이 시작되기 전의 사사 시대도 아니고, 골리앗과 블레셋을 무찌르던 왕국 시대도 아닙니다. 페르시아에서 잔류하는 피정복민에 불과했던 유대인들이 하나님의 도움으로 위기에서 벗어나자 더 잔인하게 대갚음해 버린 장면입니다. 이들의 살육을 어떻게 이해할 수 있을까요? 또 주전 2세기 마카비 항전 당시에 박해를 받았던 이들이 30년 후 사마리아 사람들에게 똑같은 형태로 박해하고 살육하던 모습을 어떻게 설명할 수 있을까요?

이런 역사의 굴레는 오늘도 이어지고 있습니다. 2차 세계대전 중에 유대인들은 '게토'에 격리된 후 6백만 명이 학살을 당했습니다. 그런데 그 후 어떻게 되었습니까? 현재 유대인들은 똑같이 '게토'라는 방식으로 팔레스타인 사람들을 억압하고 있습니다. 이를 어떻게 받아들일수 있을까요?

승리와 성공 사이에서 우리는 다니엘을 주목하고 있습니다. 복음이 이 세상에서 승리한다는 것은 누군가의 영역을 장악하고 군림해서 깃발을 꽂는 것을 의미하지 않습니다. 우리 마음속의 교만과 허영, 탐욕의 유혹에 투쟁하는 방식을 의미합니다.

현대의 '악의 평범성'은 무엇인가?

서구 사회가 세계를 주도하고 있기에 서구를 지탱해 온 기독교가 세계를 견인하는 종교라고 할 수 있을지도 모릅니다. 우리나라에 기독교가 들어온 이후 우리 사회에서도 기독교는 주도적인 종교가 되었습니다. 장로 대통령을 배출했고, 조찬기도회는 물론 대통령과 정치인들에게 영향력을 미칠 수 있게 되었습니다. 그래서 교회는 적지 않은 입김을 사회에 과시합니다.

'총리 다니엘'과 '장로 대통령'의 간극이 우리 사회에서는 그리 멀어 보이지 않습니다. 우리나라에서 고위 공직자, 유명 연예인, 인플루언서들 중에 기독교인이 상당수입니다. 연말 시상식에서도 하나님께 영광을 돌리는 간증을 어렵지 않게 보기도 합니다. 그렇다면 이 시대가 생각하는 '좋은 그리스도인'은 어떤 사람일까요?

다정한 남편, 자상한 아빠, 충실한 직장인, 따뜻한 이웃, 신실한 성도

누군가가 이런 평판을 받는다면 좋은 그리스도인이라고 생각하지 않을까요? 그런데 실제로 이런 평판을 들었던 사람 중에는 독일의 아돌프 아이히만(Otto Adolf Eichmann)도 있습니다. 그는 아주 평범한 사람이었지만 동시에 나치의 군인으로서 유대인을 학살하는 데 참여했습니다. 분명 독일은 종교개혁을 일으킨 나라였습니다. 그럼에도 이런 평범한 사람이 수백만 명의 유대인을 학살하는 일에 동원되었습니다.

한나 아렌트(Hannah Arendt)는 이 현상을 관찰했습니다. 수많은 유대인을 죽인 사람이라면 당연히 괴물 같을 거라고 사람들은 생각했습니다. 그러나 지극히 평범하고 좋은 평판을 가졌던 아돌프 아이히만을 보며 한나 아렌트는 '악의 평범성'을 말했습니다. 우리의 '무사유, 무비판, 반지성주의' 태도가 평범한 현실에서도 괴물 같은 악의 실체를 만들 수 있음을 꼬집은 겁니다. 종교개혁의 후예들이면서도, 사회와 경제에 안정을 가져다준다는 히틀러에 열광하던 독일 국민들의 표정은 무척 평범한 얼굴을 하고 있습니다.

뉘른베르크에서 히틀러에게 열광하는 독일 국민들

독일의 집단적인 반지성주의는 홀로코스트라는 희대의 비극을 탄생시켰습니다. '사마리아 사람'이라는 혐오 섞인 감정을 내뱉던 유대인들의 역사도 마찬가지입니다. 만일 유대인들이 바벨론이 아니라 아시리아의 침공을 받았다면, 그래서 '선한 유대인'이라는 비유가 탄생했을지도 모른다고 생각했더라면 어땠을까요? 적어도 마카비 전쟁 때를 떠올렸더라면, 요한 히르카누스 때의 참상에서 고뇌하지 않았을까요?

신약 시대에 '사마리아 사람'을 향해 혐오하던 유대인들도 일상에서는 지극히 평범한 남편, 아빠, 이웃, 성도였을 겁니다. 교회에서 축복에 열광하고, 집단적으로 무사유, 반지성주의가 되어 가는 한국 교회의 성도들을 보면, 개인적으로는 모두 신실한 성도들이고, 충실한 사회 구성원이라는 사실에 놀라게 됩니다.

제2차 세계대전이 끝나고 뉘른베르크 전범재판이 열렸을 때, 아이히만은 변장한 후 아르헨티나로 도피해서 잠적했습니다. 결국 이스라엘 첩보 기관 모사드에 발각되어 체포된 후 이스라엘로 압송되었습니다. 6백만 명을 학살한 죄로 그는 1962년에 이스라엘에서 처형되었습니다. 그는 죽기 직전에 이런 유언을 남겼습니다.

독일 만세, 아르헨티나 만세, 오스트리아 만세. 나는 나와 연고가 있는 이 세 나라를 결코 잊지 않을 겁니다. 나는 전쟁 규칙과 정부 명령에 따랐을 뿐입니다. 나는 준비되었습니다. 여러분, 또 만납시다. 이게 운명이라는 겁니다. 나는 지금까지 하나님을 믿으며 살아왔고, 하나님을 믿으며 죽을 겁니다. [39]

이런 고백은 주변에서 숱하게 듣는 표현이 아닐까 싶습니다. 어쩌면 우리 중에도 수많은 '아이히만들'이 있는 것은 아닐까요? 제2차 세계대전 같은 상황만 우리에게 주어지지 않았을 뿐 다른 조건은 크게 다르지 않습니다. 현대의 사마리아 사람, 아이히만, 악의 평범성은 무엇일까요? 생각 없이 하나님을 외치기 전에 예수님을 만나기 위해 먼 길에 나섰던 동방박사를 기억해 봅니다.

구세주와 동방박사를 기억하며

성경에서 이해하기 어려운 사람들 중 하나가 베들레헴으로 찾아왔던 동방박사들입니다. 과연 그들은 정말 '박사'였을까 하는 의문을 가졌던 기억이 있었습니다. 사실 이들은 마기(magi), 혹은 마구스(magus)

로 불리는데, 그 유래는 메디아-페르시아의 천문학자들로서 조로아스터교의 사제들을 가리킵니다. 별을 관측하다가 베들레헴까지 이동했다는 대목은 이들이 천문학에 남다른 지식을 갖고 있었다는 사실을 보여 줍니다.

로마가 유대를 지배하던 시기에 옛 페르시아의 영토를 차지하고 있는 나라는 파르티아였습니다. 로마는 파르티아를 정복하지 못했기에 두 나라는 대립하고 있었습니다. 그렇다면 동방박사들은 적국으로 이동해 온 것이 됩니다. 도대체 왜 동방박사들은 이런 정치적인 위험을 무릅쓰며 로마의 속주 베들레헴까지 왔을까요?

그 이유를 명확히 밝힐 수 있는 것은 없습니다. 다만 다니엘이 바벨론의 천문학자들과 점성술사들을 압도할 만한 지혜를 갖고 있었고, 바벨론의 마지막 왕 나보니두스가 태양신 마르둑 대신 달신을 섬기려고 하자 마르둑 사제들이 페르시아의 고레스와 결탁했다는 역사를 바탕으로 추론해 본다면, 페르시아는 바벨론 천문학을 토대로 문명을 이룩했을 겁니다. 다니엘은 느부갓네살의 꿈을 해석하고, 장차 나타날 일을 예언했습니다. 적어도 바벨론 천문학자들이라면 이런 내용을 듣지 않았을까요? 다니엘의 신앙을 받아들인 사람은 많지 않았을지라도, 바벨론 제국 정점에 올랐던 인물이 꿈을 해석한 이야기라면 입에서 입으로 전해졌을 겁니다. 여리고의 주민들 중 라합의 가족들만이 접근해 오는 노마드들을 두려워하며 예의 주시했던 것도 입에서 입으로 전해진 이야기에 대한 반응이었습니다.

수많은 파르티아의 천문학자들 중에서 별의 특이한 현상을 감지하면서, 그 옛날 입에서 입으로 전해지는 이야기를 떠올리며 실행에 옮겼던 사람은 고작 세 사람에 불과했습니다. 아니, 엄밀히 말해서 베들레헴에 도착한 그들이 아기 예수께 세 개의 선물을 드렸을 뿐, 동방박사가 세 명이라고 정확히 단정 지을 수는 없습니다. 그렇지만 이것을 믿은 사람들이 소수에 불과했다는 사실만은 확실합니다.

동방박사는 새로운 왕이 태어났다는 이 사실을 예루살렘에 알렸고, 온 예루살렘이 듣고 소동했습니다(마 2:3). 하지만 베들레헴으로 달려온 유대인들은 아무도 없었습니다! 참고로, 예루살렘에서 베들레헴으로 향하는 구간을 구글에서 검색하면 도보로 두 시간이 채 걸리지 않는 거리인데도 말이지요. 이렇게 믿음을 발휘하는 것은 언제나 소수였습니다. 고레스 칙령 이후에 본국으로 귀환했던 유대인들의 명단이 새삼 위대하게 보입니다.

우리는 성탄절이 되면 기독교 절기임을 과시하며 곳곳에 성탄 트리를 만듭니다. 시청 앞 광장의 성탄 트리 위에는 십자가를 걸어야 한다는 결사적인 자세를 보이기도 합니다. 십자가 대신 큰 별이 달리면 큰일이라도 나는 것처럼 말입니다. 사실 성탄 트리 '꼭대기'에 무엇을 다느냐보다 더 중요한 것은 발 아래로 내려오는 자세입니다. 에스더가 왕비의 자리에 오른 일보다 더 중요한 것은 피의 복수를 하지 말아야 한다는 겁니다. 그런 파격이 없다면 우리에게는 왜곡된 열심 밖에 남지 않습니다.

오 헨리(O. Henry)의 단편 『크리스마스 선물』은 『마지막 잎새』와 더불어 반전의 결말로 인해 감동이 있는 파격적인 이야기입니다. 짐과 델러는 가진 돈이라고는 1달러 87센트 밖에 없는 가난한 젊은 부부였습니다. 성탄절이 다가오고 있었습니다. 서로에게 의미 있는 선물을 하고 싶지만 가난해서 선물을 살 수 있는 형편이 되지 않았습니다. 짐에게는 부모님으로부터 물려받은 값진 금시계가 있었지만, 시곗줄이

낡고 떨어져서 시계를 차고 다닐 수 없었습니다. 아내 델러는 아름다운 머리카락을 꾸밀 수 있는 보석이 박힌 예쁜 머리빗을 갖고 싶어 했습니다.

크리스마스가 다가오고, 둘은 선물을 준비했습니다. 짐은 금시계를 팔아서 델러의 머리빗을 샀습니다. 델러는 아름다운 머리카락을 팔아서 짐의 시곗줄을 샀습니다. 시곗줄을 선물로 받았지만 시계는 없기에 그 선물은 무의미했습니다. 예쁜 머리빗을 받았지만 머리카락이 없는 여인에게 그것은 무가치한 물건일 뿐입니다. 그렇지만 이 이야기가 우리의 마음을 울리는 이유는 상대방을 향해 진심이었기 때문입니다.

『크리스마스 선물』로 번역된 이 작품의 원제는 '동방박사의 선물'입니다. 오 헨리가 왜 이런 제목을 붙였을까요? 2천 년 전 정치적으로 위험한 상황을 무릅쓰며 별을 따라 베들레헴에 당도한 페르시아 천문학자 후예들의 마음을 상상해 봅니다. 그들이 별을 보며 적국의 초라한 시골까지 머나먼 여정을 감당한 것은 구세주로 온 한 아기가 그들의 삶을 걸 만한 가치가 있었기 때문일 겁니다. 사실 어린 아기 예수에게 황금과 유향과 몰약이 어떤 가치가 있었을까요? 그러나 그들의 진심은 눈에 보이는 선물보다 더 큰 가치가 있었습니다.

그리스도께서 우리 인생의 별로 찾아오기 전까지, 그리스도는 어쩌면 허구의 인물이거나 성인 중 한 명에 지나지 않았을지도 모릅니다. 이제 우리에게 그는 삶을 걸 만한 구세주가 되었습니다. 그렇다면 우리도 마땅히 한 명의 동방박사가 되어야 하지 않을까요?

여러분도 알다시피 동방박사들은 구유에서 태어난 아기 예수에게 선물을 가져다준 현명한, 참으로 현명한 사람들이다. 사람들이 크리스마스 선물을 주고받게 된 것도 바로 그들에게서 시작된 것이다. 그들은 현명한 사람들이었기에 그들의 선물 또한 틀림없이 현명한 것으로, 만약 그 선물이 서로 중복되었더라도 어쩌면 다른 것으로 교환될 수 있었으리라. 그리고 나는 여기에 자신의 가장 값진 보물을 상대방을 위해서 가장 어리석게 희생해 버린, 싸구려 아파트에 살고 있는 어리석은 두 젊은이의 평범한 이야기를 좀 서툴게나마 늘어놓았다. 그러나 오늘을 사는 현명한 사람들에게 마지막으로 하고 싶은 말은, 선물을 주는 모든 사람들 중에서, 아니 선물을 주고받는 모든 사람들 중에서 이 두 젊은이야말로 가장 현명한 사람들이라는 점이다. 이 세상 어디를 샅샅이 뒤져 보아도 이들보다 현명한 사람은 없을 것이다. 이들이야말로 곧 동방박사들이기 때문이다. [40]

9강
다니엘은 파격이다

그런즉 왕이여 내가 아뢰는 것을 받으시고 공의를 행함으로 죄를 사하고 가난한 자를 긍휼히 여김으로 죄악을 사하소서 그리하시면 왕의 평안함이 혹시 장구하리이다 하니라 단 4:27

유대인들은 바벨론에 포로로 잡혀간 신세였지만, 그 안에서 자치 공동체로 인정받았습니다. 그들 안에 제사장, 선지자, 재판관 등이 있어서 예루살렘과 같은 방식으로 운영되었습니다. 외경에 속하기는 하지만, 이 시대를 배경으로 한 사건이 다니엘서 13장에 기록되어 있습니다.[41] 그 사건의 내용은 이렇습니다.

바벨론에 거주하던 요아킴에게는 수산나라는 아내가 있었습니다. 이들은 주변으로부터 존경을 받았고, 신앙심이 깊은 부부였습니다. 어느 해에 두 노인이 재판관으로 선정되었고, 이들은 율법을 근거로 판결하는 막중한 권한을 갖게 되었습니다.

두 노인이 요아킴의 집을 드나들던 중 수산나의 미모에 탐욕을 품게 되었습니다. 그녀의 육체를 향해 더러운 욕망을 실행할 계획을 세웠습니다. 낮에 수산나가 집에서 목욕하는 틈을 타서 그녀에게 접근했습니다. 두 노인의 욕망에 수산나가 저항하자 이들은 재판관의 지위를 이용해서 그녀가 젊은 남자와 정사를 벌였고, 그 젊은이는 도망쳤다고 말하며 수산나에게 사형 선고를 내렸습니다. 이것이 외경인 다니엘서 13장에 언급된 사건입니다.

수산나와 관련된 그림은 수많은 서양화가들의 주제였습니다. 게르치노(Guercino)가 그린 〈수산나와 두 장로〉의 그림을 보면 한 장로는 관객을 향해 함구할 것을 표현하고 있고, 다른 장로는 자신의 권위를 상징하는 지팡이를 들고 수산나를 향한 탐욕을 드러내고 있습니다. 숨

〈수산나와 두 장로〉 게르치노, 1617

〈수산나와 두 장로〉 젠틸레스키, 1610

어서 계략을 세우는 노인에 비해 수산나의 몸이 더 밝게 빛나고 있습니다. 내면을 이런 빛과 색으로 대조시키고 있습니다.

젠틸레스키(Artemisia Gentileschi)의 〈수산나와 두 장로〉는 어떤가요? 귓속말로 계략을 나누는 모습, 수산나를 향해 침묵을 강요하는 억압적인 면모를 볼 수 있습니다. 게르치노의 그림보다 젠틸레스키의 그림에서 더 생생함을 느끼는 이유는 무엇일까요?

여성 화가였던 젠틸레스키에게 수산나는 내면을 투영하는 수단이었습니다. 그녀는 여성의 지위를 온전히 인정받지 못했던 17세기에 활동하며 화가들로부터 배척받았고, 심지어 성폭행을 당했던 자신의 경험을 '수산나'로 표현합니다. 수산나도, 젠틸레스키도 안타깝지만 더 비극적인 사실은 두 장로가 율법으로 지탱되는 유대 공동체의 재판관이었다는 것이며, 두 사람 모두 그런 권위가 지배하는 사회에서 살았다는 겁니다.

> 나는 여자가 무엇을 할 수 있는지 보여 줄 것입니다. 당신은 카이사르의 용기를 가진 한 여자의 영혼을 볼 수 있을 것입니다. [42]

젠틸레스키는 자신의 고객에게 한 여자가 할 수 있는 것이 무엇인지 그림으로 말했습니다. 우리의 생각에 한 여성이 할 수 있는 일이라면 도대체 얼마나 될까 싶습니다. 그렇지만 젠틸레스키의 용기와 저항은 그림을 통해 시간을 넘어와 우리에게 말하고 있습니다.

수산나가 살아가던 사회에서 다니엘 한 사람이 무슨 일을 할 수 있을까요? 만일 다니엘이 이런 사회에서 존재감을 발휘했다면 그것이 우리가 주목해야 하는 『다니엘 수업』의 핵심일 겁니다. 수산나가 그리

낯설게 느껴지지 않는다면 우리 사회 역시 법이라는 기준이 굽어 있다는 의미가 아닐까 싶습니다. 그렇다면 우리 사회에서 '또 다른 수산나들'은 누구일까요?

로마의 출현을 예언한 다니엘

예수님 시대에 활동했던 유대 역사가 요세푸스는 그 시대 많은 유대인들이 다니엘을 주목했다고 밝힙니다. 다니엘은 바벨론 시대에 느부갓네살의 꿈과 환상을 통해서 앞으로 일어날 일들을 하나님으로부터 계시받았습니다. 다니엘은 바벨론-페르시아-그리스에 이어 로마의 출현을 예언했는데, 신약 시대는 바로 그 로마가 세계를 주름잡던 시대였습니다.

앞에서 잠시 언급했지만 다니엘서가 주전 2세기 마카비 시대에 기록되었다고 주장하는 학자들이 많습니다. 여기에서는 기록 연대를 말하려는 것은 아닙니다. 분명한 것은 마카비 시대에도 많은 사람들이 '다니엘'이라는 인물을 주목했다는 사실입니다. 당시 유대인들은 안티오코스 4세의 압제를 받고 있었고, 이런 상황이 느부갓네살의 침공을 받던 시기와 유사했기 때문입니다.

신약 시대의 유대인들은 로마의 압제 아래 있었습니다. 그들은 다니엘의 예언을 알고 있었을 것이며, '메네 메네 데겔 우바르신'이란 글귀와 수산나의 이야기 그리고 마카비 시대를 모르지 않았을 겁니다. 그렇다면 이 사건은 어떻게 받아들였을까요?

요한복음 8장에는 재판에 소환된 한 여인이 등장합니다. 그녀는 음행 중에 잡혀 왔습니다. 길거리에서 불특정 다수에게 둘러싸인 것이 아니라 유대 사회에서 가장 권위 있는 법정 산헤드린 공회에 불려 온 겁

〈음행 중에 잡혀 온 여인과 그리스도〉 피테르 브뢰헬, 1565

니다. 그녀는 돌에 맞아 죽을 예정이었습니다. 유대 사회가 율법으로 지탱되는 '거룩한 공동체'였기 때문입니다.

> 누구든지 남의 아내와 간음하는 자 곧 그의 이웃의 아내와 간음하는
> 자는 그 간부와 음부를 반드시 죽일지니라 레 20:10

율법은 음행에 가담한 사람을 죽이라고 명령합니다. 그래서 율법을 따르는 유대인들이 돌을 들었습니다. 그런데 이상한 점이 하나 있습니다. '음부(淫婦)'는 소환되었는데 '간부(姦夫)'는 보이질 않는 겁니다. 간부는 어디로 간 걸까요? 재판을 집행하던 사람들은 간부가 누구였는지 정말 몰랐을까요? 아니, 간부는 한 명뿐이었을까요?

이 시기의 유대 문헌을 조사해 보면, 보수적이고 엄격했던 유대 사회는 여성들이 독립적으로 경제생활을 감당하기가 어려운 구조였습니다. 사치품이 발달했던 그리스, 로마 사회와 달리 유대 사회는 '종교적인(superstitious)' 사회였습니다. 이런 사회에서 구약의 율법도 그렇고,

예수께서 하신 말씀에서도 '과부와 고아'를 자주 언급합니다. 그 이유는 이런 부류의 사람들이 경제적인 면에서 절대적으로 무능력하기 때문입니다. 만일 과부에게 경제적인 능력이 없었다면 생계형 창부가 되는 것이 거의 유일한 생계 수단이었습니다. 그만큼 고아와 과부는 경제적으로 사회의 사각지대에 있는 사람들이었습니다.

간부 없이 음부가 되어 현장에서 잡혀 온 여인 앞에 그리스도께서 나타나셨습니다. 그리고 땅에 '손가락'으로 글을 쓰셨습니다. 어떤 내용을 쓰셨는지는 알 수 없지만, 그 후 "너희 중에 죄 없는 자가 먼저 돌로 치라"(요 8:7)라고 말씀하시자 그곳에 모인 사람들이 모두 빠져나갔습니다. 이 사건은 하나님이 한밤중에 손가락으로 글자를 기록하신 사건, 수산나를 처형하려는 법정, 부당한 희생자를 만든 상황과 겹쳐 보입니다. 손가락이 쓴 글자를 통해 하나님이 바벨론을 심판하신다는 것을 전했던 다니엘처럼, 그리스도께서는 산헤드린 법정 사람들의 위선을 고발하는 메시지를 전하신 것이 분명합니다. 하나님의 아들이 어린아이를 하나님 나라의 주인이라고 했고, 한 여인을 변호하신 이유는 무엇일까요?

외경 수산나 사건의 재구성

외경 다니엘 13장의 수산나 사건을 재구성하면 이렇습니다. 바벨론은 유다 지역에서 잡혀 온 포로들을 '유대인'이라고 불렀고, 그들의 자치 공동체를 인정했습니다. 그 공동체는 바벨론 사회 속의 작은 유다 사회를 형성했습니다. 그런데 법을 담당하던 재판관이 수산나를 향해 더러운 욕망을 표출했고, 결국 수산나에게 모든 혐의를 뒤집어씌 웠습니다. 하나님은 수산나의 기도를 들으셨고, 다니엘은 이 사실을 이렇게 알게 되었습니다.

> 44주님께서는 수산나의 절규를 들으시고 45그가 사형장으로 끌려 나 갈 때에 다니엘이라는 소년의 마음속에 성령을 불어넣어 일으키셨 다. 단 13:44~45, 공동번역

사건을 알게 된 다니엘은 수산나 사건에 개입합니다. 심문도 없고, 확증도 없이 어떻게 이스라엘의 한 여인을 처형할 수 있냐며 분노했습 니다(단 13:48). 다니엘은 사건의 전말을 밝히고자 두 장로를 따로 심문 하도록 했는데, 두 사람의 증언이 일치할 리가 없었습니다. 결국 두 장 로는 사형을 당했고, 무고한 수산나는 목숨을 건지게 되었습니다. 다 니엘서는 이런 구절로 13장을 매듭짓습니다.

> 그날로부터 다니엘의 명성은 백성들 사이에 크게 퍼졌다. 단 13:64, 공 동번역

유대인 공동체에서 다니엘의 이름을 각인시킨 순간은 언제였을까 요? 총리가 된 순간도, 지혜로운 인물이 되었던 순간도 아니었습니다. 다니엘이 입을 열지 않았더라면 두 장로는 여전히 유대 공동체에 영향 력을 행사했을 것이고, 수산나는 세상에 더 이상 존재하지 않았을 겁 니다. 다니엘이 용기 있게 입을 열고 부당한 일에 개입하였기에 악한 장로는 사라지고, 무고한 사람의 목숨이 지켜졌으며, 그 공동체의 법

과 정의도 지속될 수 있었습니다.

예수님 시대와 다니엘 시대의 비극은, 엄밀히 말하자면 산헤드린 공회나 불의한 재판관이 있었기 때문은 아닙니다. 도리어 그리스도와 다니엘 같은, 불의한 일에 개입하며 입을 여는 인물이 없었기 때문입니다. 다니엘의 이 행동은 바벨론의 침공을 받기 전, 예레미야가 예루살렘에서 했던 메시지와 연결됩니다. 예레미야는 예루살렘에서 정의와 공의를 행하는 한 사람을 찾으면 그 도시를 용서해 주시겠다는 하나님의 말씀을 대언했는데 안타깝게도 그곳에 한 사람, 불의함에 맞서는 그 한 사람이 없었습니다.

다니엘의 이름이 유대인 공동체에 알려진 순간은 무척 놀랍습니다. 그가 고지를 점령했을 때 그의 이름이 알려진 것이 아니었습니다. 예레미야의 예언을 행하는 한 사람이 되었을 때, 마땅히 해야 할 일을 했을 때 그의 영향력은 이 세상에 빛날 수 있었습니다.

우리 사회의 진정한 비극은 무엇일까요? 산헤드린 법정이나 느부갓네살 같은 통치자, 불의한 두 장로가 있기 때문에 비극인 것은 아닙니다. 또 다른 '수산나들'을 양산하는 사회에서 또 다른 '다니엘들'이 없기 때문일 겁니다. 다니엘처럼 행동하지 않으면서 높은 자리에 올라가기만을 탐한다면 더 많은 수산나들이 생기는 것은 시간문제에 불과합니다.

예수께서 세리와 창녀들의 친구가 되셨던 것은 그야말로 파격이었습니다. 만지면 부정해진다는 것을 알면서도 예수께서 병자들과 죽은 자들의 몸에 손을 대신 것은 그 당시 관념으로는 충격이었습니다. 이렇듯 복음은 사회적 약자들과 함께하는 파격적인 선택입니다. 우리가 대적해야 하는 것은 사회를 좀먹는 부정함과 불의함이지 약자들과 병자들이 아닙니다.

다니엘이 수산나 사건에 귀를 닫고 침묵했다고 하더라도 총리가
될 수 있었을까요? 물론 알 수는 없습니다. 그렇지만 교회가 이 시대
의 '다니엘'이 되어야 한다는 점을 다니엘 디포는 『전염병 연대기』에서
말합니다. 1660년대에 런던의 팬데믹 속에서 어떻게 위기를 기회로 바
꿀 수 있는지 다니엘 디포는 우리에게 지혜를 줍니다.

> 지난날의 재난을 잊는 일 없이 서로 관용의 미덕을 거울 삼아 어떻게
> 이런 재난에 대비해야 하는지 생각해야 한다. 우리가 싸워야 하는 대
> 상은 가난과 질병이지, 가난한 사람들과 질병에 걸린 사람들이 아니
> 다. [43]

복음은 시대를 초월하는 파격이다

수산나 사건에 개입했던 다니엘의 태도는 그가 느부갓네살 왕에게
조언했던 다니엘 4장 27절의 말씀과 크게 다르지 않습니다. 이것이 다
니엘의 일관된 삶의 방식이었을 겁니다. 정의와 공의를 행하고 가난한
자들에게 자비를 베푸는 참 율법의 태도였습니다. 그러므로 다니엘의
관심은 총리와 지혜자가 되는 것이 아닌 삶으로 율법을 드러내는 것이
었습니다. 그가 공직자로 있을 때에는 공정하고 정의로운 법의 기초
위에 세워지는 나라를, 가난하고 연약한 사람들을 보살피는 관대한
사회를 지향했습니다. 다니엘의 이런 태도는 현대에는 익숙할지 몰라
도 2천 6백 년 전의 세계에서는 파격이나 다름없었습니다.

고대 시대에는 전쟁이 일상인 세계였습니다. 겨울을 평안히 보내기 위해서 따뜻한 시기에 전쟁을 통해서 약탈하는 것이 관습과도 같았습니다. 전리품은 농사의 수확물과 같은 것이었고, 또 신의 축복이었으므로 그 일부를 신에게 바치는 것이 당연한 일이었습니다.

이런 시기에 바벨론은 세계에서 가장 강력한 제국이었고, 느부갓네살은 세상에서 가장 부유하고 강한 인물이었습니다. 2천 년 전 카이사르는 갈리아를 잔혹하게 진압하고 전리품을 취한 후 열광적인 환호를 받으며 개선식을 거행했고, 유럽의 수많은 목숨을 앗아 간 나폴레옹은 위인전에 등장하는 인물이 되었습니다. 정복 활동을 하며 나라의 영토를 넓히고, 세금을 징수해서 부를 축적하는 것이 당연한 세계에서 공의와 정의를 행하고, 빈민들에게 자비를 베풀라는 것은 시대의 상식과 가치관을 뛰어넘는 파격적인 선언입니다. 다니엘은 이것을 느부갓네살 왕에게 목숨을 걸고 제안했을 겁니다.

다니엘의 조언은 예레미야가 예루살렘에서 외쳤던 내용과 일치합니다. 고아와 과부와 나그네와 빈민들을 보호하고, 정의와 공의를 행하라는 메시지는 다니엘을 통해 다시 반복된 예레미야의 설교였습니다. '인권'이라는 개념은 근대에 와서야 자리 잡은 개념입니다. 20세기가 되어서야 여성들에게 참정권이 주어졌고, 흑인들에게도 평등권이 이루어진 것을 생각한다면 다니엘의 제안은 무척이나 파격적이었습니다.

복음은 파격입니다. 율법에서 '부정한' 사람으로 분류하는 병자는 물론 세리, 창녀, 빈민들에게 찾아가서 그들에게 친구가 되신 예수의 복음은 시대를 초월하는 파격입니다. 그 복음으로 인하여 마틴 루터 킹 주니어(Martin Luther King Jr)는 흑인들이 여전히 압제를 받고 있는 때,

사회에 만연한 차별과 혐오를 넘어서기를 외쳤습니다. 영국의 윌리엄 월버포스(William Wilberforce)는 대혁명의 때, 국회의사당에서 '합법적인' 노예무역을 폐지하자는 연설을 했습니다.

다니엘과 고레스가 서로 알고 지내던 사이는 아닐 겁니다. 그렇지만 바벨론이 무너지고 고레스가 등장할 때, 역사상 최초의 인권 선언문으로 알려진 고레스 칙령이 발표된 것을 우리는 어떻게 이해할 수 있을까요?

> 나는 거기에 거했던 신상들을 원래의 처소로 돌아가게 하고, 그들의 영원한 처소를 세웠다. 나는 그 거주민들 전체를 통합하여 그들의 거처를 다시 세웠다. 키루스 실린더 32행

이런 조치를 시행한 고레스를 향해 성경은 이런 평가를 내립니다.

> 고레스에 대하여는 이르기를 내 목자라 그가 나의 모든 기쁨을 성취하리라 하며 예루살렘에 대하여는 이르기를 중건되리라 하며 성전에 대하여는 네 기초가 놓여지리라 하는 자니라 사 44:28

이사야서에서 고레스를 가리켜 '목자', '기쁨'이라는 단어를 사용한 것이 흥미롭습니다. 복음은 이와 같이 시대를 초월하는 파격입니다. 그 속에는 한 인간에 대한 존중과 애정, 사랑이 포함되어 있습니다. 왜냐하면 인간은 하나님의 형상으로 지음받은 존재이기 때문입니다.

4관 이집트 전시관에는 한 인 물의 두상이 있습니다. 그 앞에 서면 놀라운 전율을 느낍니다.

이 인물의 이름이 무엇인지 는 알 수 없습니다. 그렇지만 박 물관의 설명을 읽어 보면, 그는 주전 18세기 세소스트리스 3세

이집트 관리의 얼굴(현재 전시하지 않음)

가 파라오로 이집트를 통치하던 시절에 고위 관리였고, 그의 선견지명 으로 인해 이집트는 가뭄과 흉년 속에서도 풍요로움을 누릴 수 있었 다고 합니다. 그 글귀가 충격으로 다가옵니다. 이 관리 앞에 서서 그의 얼굴을 바라보노라면 경이로운 마음이 드는 이유는 무엇일까요? 바로 요셉이 떠오르기 때문입니다. 요셉은 이런 유언을 남겼습니다.

> 당신들은 나를 해하려 하였으나 하나님은 그것을 선으로 바꾸사 오
> 늘과 같이 많은 백성의 생명을 구원하게 하시려 하셨나니 창 50:20

이집트의 총리가 된 요셉은 그것을 자기 혼자 누리지 않았습니다. 요셉 한 사람으로 인하여 이집트에 거주하던 이스라엘 백성은 부유함 을 누렸는데, 그 혜택은 모든 이집트 사람들과 함께 누린 것이었습니 다. 윌리엄 윌버포스와 함께했던 런던의 클래펌 공동체는 노예무역을 폐지하고, 인권을 위한 노력을 감행했습니다. 그들의 노력은 노예 문 제 해결뿐 아니라 영국 의료시스템(NHS)의 기초를 세우는 일로도 확장

되었습니다.

이런 역사들을 생각하면 "사회에서 벌어지는 모든 차별, 혐오, 폭력, 배제는 영적인 문제다"라고 말했던 작가 플래너리 오코너(Mary Flannery O'Connor)가 떠오릅니다. 소위 '바이블 벨트'라고 알려진 미국 남부 출신의 작가입니다. 그는 그 바이블 벨트 지역에 피부 깊이 스며든 인종 차별 문제와 위선을 누구보다 적나라하게 파헤치고 고발했습니다. 이는 우리 사회에서도 볼 수 있는 역설적인 모습입니다. 신앙이 깊다고 알려진 곳에 혐오와 배제, 차별이 더 깊이 스며 있는 모습을 보기 때문입니다. 신앙이 좋다고 생각하지만 흑인을 경멸하는 헤드 씨의 내면을 플래너리 오코너는 이렇게 써 내려갑니다.

> 헤드 씨는 사람이 죽을 때 창조주 앞에 가지고 갈 것은 사랑과 자비뿐이라는 것을 알았지만, 자신에게 그것이 그렇게 적다는 데 뜨거운 수치를 느꼈다. 그는 경악 속에 하나님의 철저함으로 자신을 판단했고, 자비의 행위는 불꽃처럼 그의 자부심을 감싸서 태워 버렸다. 그때까지 자신이 대단한 죄인이라고 생각하지 않았지만, 이제 보니 자신의 진정한 악행은 그가 절망하지 않도록 감추어져 있었을 뿐이었다. 그는 자신이 아담의 죄를 품은 태초부터 불쌍한 넬슨(흑인)을 모른 척한 오늘까지 계속 죄를 용서받았다는 것을 알았다. 자신의 죄라고 인정하지 못할 정도로 끔찍한 죄는 이 세상에 없었고, 하나님은 용서하는 만큼 사랑하는 분이시기에 그 순간 그는 낙원에 들어갈 준비가 되었다고 느꼈기 때문이었다.[44]

오코너의 펜 끝으로 표현하는 글 속에서 움찔하게 됩니다. 마치 헤

드 씨와 똑같이 교리를 외치지만, 일상에서는 한없이 부족한 우리의
자화상을 보는 것만 같습니다.

주홍 글씨를 새기기에 급급한 기독교

56관 메소포타미아관에서는 고대 시대를 대표하는 함무라비 법전
의 흔적을 볼 수 있습니다. 인류 최초의 성문법으로 알려졌지만, 사실
아브라함이 살았던 우르 지역의 '우르 남무' 법전이 더 오래된 법전으
로 확인되었습니다. 함무라비 법전은 주전 18세기 구바빌로니아의 함
무라비가 반포한 법으로서 사회의 정의를 구현할 목적으로 체계화되
었던 법입니다. '눈에는 눈, 이에는 이'의 원칙으로 유명합니다. 모든
계급과 신분에 이르기까지 엄격하고 공정한 법 집행을 적용하려고 했
지만, 통치자의 지배 체제를 유지하기 위한 법이라는 한계를 피할 수
는 없었습니다. 실제로는 신분에 따라 법 집행이 불평등하게 이루어졌
고, 고아와 과부와 빈민들의 권리는 유명무실했습니다.

고조선의 8조법은 약자를 보호
하는 법이 아니라 지배자의 통치
를 유지하는 수단이었습니다. 조
선 시대의 규범 역시 양반을 위한
것이지 하층민들을 보호하는 것은
아니었습니다. 그리스의 민주주의
는 아테네 시민, 남성에 한정된 것
이었습니다. 2백여 년 전 토머스

함무라비 법전 조각, 56관

제퍼슨(Thomas Jefferson)이 '인권'의 개념을 미국 헌법에서 언급했을 때, 프랑스 혁명에서 '자유, 평등, 박애'를 외쳤을 때에도 그 대상에서 여성, 흑인, 노예들은 배제되었습니다.

그렇다면 성경을 대변하는 교회가 지배했던 중세 시대는 어땠을까요? 적어도 백인, 남성으로 한정된 범주보다는 파격적이어야 하지 않을까요? 교회가 지배하는 사회라면 함무라비 법의 한계를 넘어서야 하지 않을까요? 마크 트웨인(Mark Twain)은 이런 기록을 남깁니다.

> 지금 나는 천 명당 여섯 명만이 국가를 어떻게 통치해야 하는지에 관해 말할 권리를 가지고 있는 나라에 살고 있다. 994명이 현재의 지배 체제에 불만을 표시하며 변화를 요구하면, 나머지 여섯 명은 하나같이 몸서리를 치면서 어떻게 그렇게 불충하고 불명예스럽고 사악한 반역 행위를 일으키느냐고 할 것이다. 말하자면 나는 994명이 자금을 모두 대고 일도 모두 하는데, 나머지 여섯 명이 자신들을 영구 이사로 선출하고 배당금을 몽땅 차지하는 주식회사의 주주가 된 셈이었다.[45]

위의 기록은 중세를 배경으로 합니다. 교회가 지배하는 사회이기에 더 나은 세상을 기대하는 우리 생각이 너무 순진한 걸까요? 역사는 중세를 '암흑'의 시대로 부릅니다. 앞에서 렘브란트의 〈벨사살 왕의 연회〉라는 그림을 살펴보았습니다. 1619년 도르트 회의의 결과로 칼뱅주의 교리가 제도로 확립된 암스테르담은 어떠했나요? 그 이전의 스페인으로부터 침공을 받으며 80년 전쟁을 벌이던 시기보다 더 나아졌을까요?

단적으로 칼뱅의 교리가 지배한 16세기 스위스 제네바는 다른 유럽보다 더 온기가 넘치는 사회였을까요? 칼뱅의 영향을 받은 존 녹스(John Knox)가 스코틀랜드로 돌아와서 장로교를 확립했습니다. 스코틀랜드의 수도 에딘버러에 있는 국립박물관에는 흥미로운 흔적이 보존되어 있습니다.

존 녹스가 이룬 종교개혁이 사회의 제도로 정착되고 두 세기가 지난 후의 흔적이 박물관에 보관되어 있습니다. 그곳에서 존 녹스 당시의 생명력은 사라지고 장로교의 제도와 처벌만 남은 흉물스러운 옷과 의자를 볼 수 있습니다. 이것은 주일예배를 빠지거나 예배 시간에 졸던 사람들이 참회하도록 만든 형벌의 도구입니다. 설교 시간에 졸았다면 이런 옷을 입고, 사람들이 보이는 곳에 앉아서 공개적으로 참회를 해야 했을 겁니다. 이런 '경건한' 사람들이 미국에서는 '주홍 글씨'를 남겼겠지요.

앞에서 살펴본『모비 딕』의 저자 허먼 멜빌은 그의 책 서문에서 너새니얼 호손에게 이 책을 헌정한다고 밝혔습니다. 왜냐하면 그가 호손에게 큰 영향을 받았기 때문입니다. 호손은 '독실한' 청교도 가문에서 태어났습니다. 그의 조부모는 청교도로서 마녀 사냥을 담당하던 판사였습니다. 호손은 그런 가문의 냉혹함에 저항하기 위해 그의 이름을 'Hathorne'에서 'Hawthorne'으로 w를 추가해서 넣었습니다. 독실한 신앙인들이 지배하는 미국 청교도 사회였지

참회 도구, 스코틀랜드국립박물관

만 주홍 글씨로 사람을 낙인찍고, 마녀를 사냥하는 모습을 어떻게 이해해야 할까요?

고아와 과부와 빈민들을 돌보라는 예레미야와 다니엘의 조언 대신 주홍 글씨를 새기기에 혈안이 된 기독교를 향해 사회는 w를 추가해서 '개독'이라고 하는 것은 아닐런지요.

희망을 보여 주는 환상

다니엘을 떠올리며 우리가 잊어서는 안 되는 것이 있습니다. 다니엘이 느부갓네살의 꿈을 해석해 주었던 내용과 하나님이 그에게 보여 준 환상입니다.

렘브란트는 다니엘이 본 환상을 판화로 새겼습니다. 바벨론을 머리로 해서 양 어깨는 페르시아와 메디아로, 복부는 그리스로, 그다음은 로마 제국으로 표현했습니다. 다니엘은 느부갓네살의 꿈을 해석하며 렘브란트가 표현한 것처럼 그 의미를 왕에게 설명해 주었습니다. 다니엘은 느부갓네살을 금 머리로 표현했습니다(단 2:38).

또 다니엘서 7장에서 다니엘은 자신이 본 환상을 기록하는데 바벨론을 사자 모양으로 표현했습니다. 55관에서는 황금으로 된 바벨론의 사자 유물을 볼 수 있습니다. 독일 베를린의 페르가몬박물관에서도 똑같은 사자 형상을 보게 됩니다. 이 둘 모두 바벨론의 관문인 이슈타르 게이트에 새겨진 바벨론의 상징입니다. 동일한 형상을 런던과 베를린의 박물관에서 볼 수 있다는 것이 놀랍습니다. 그렇지만 더 놀라운 것은 바벨론부터 페르시아, 그리스, 로마로 이어지는 흐름이 다니엘이

〈느부갓네살 왕의 동상〉 렘브란트, 1655

페르가몬박물관(위)과 대영박물관(아래)의 사자 형상

보았던 환상과 일치한다는 점입니다. 그래서 로마의 출현을 보며, 예수 시대의 역사가인 요세푸스가 충격을 받은 겁니다.

그런데 다니엘의 환상은 충격을 넘어 희망을 줍니다. 왜냐하면 돌이 날아와서 신상을 박살 내고, 세상에 하나님 나라가 가득한 비전을 제시하기 때문입니다. 그 하나님 나라를 위해 우리가 부름을 받았다면 그리스도인들의 영광과 무게는 우리가 상상하는 그 이상일 겁니다. '그리스도인'이란 그리스도를 닮는 사람들이기에, 우리를 통해 이 땅에 가득한 하나님 나라를 보여 줄 수 있습니다. 이를 위하여 다니엘은 부름을 받았습니다.

르무엘 왕 어머니의 조언

잠언 31장은 르무엘 왕이 그의 어머니에게 들었던 훈계들을 담고 있습니다. 어머니는 왕에게 이런 조언을 남겼습니다.

> 1르무엘 왕의 잠언, 곧 그의 어머니가 그에게 교훈한 말씀이다. 8너는 벙어리처럼 할 말을 못하는 사람과 더불어, 고통 속에 있는 사람들의 송사를 변호하여 입을 열어. 9너는 공의로운 재판을 하고, 입을 열어, 억눌린 사람과 궁핍한 사람들의 판결을 바로 하여라. 잠 31:1, 8-9, 새번역

르무엘 왕이 누구인지에 대해서는 학자마다 다양한 의견을 갖고 있습니다. 한 가지 분명한 사실은 르무엘 왕이 어머니께 이런 조언을

받았고, 그것이 그리스도인에게도 마땅한 삶의 태도라는 점입니다. 이런 르무엘의 모습은 다니엘에게서도 볼 수 있습니다.

영국의 작가는 조나단 스위프트(Jonathan Swift)는 르무엘 왕의 어머니가 전하는 조언을 마음에 새긴 사람입니다. 그는 영국 출신이었지만 아일랜드 더블린에서 활동했던 개신교 목사였습니다. 아일랜드는 수백 년간 영국의 식민지로 있었기에 영국인들을 향한 더블린 사람들의 반감은 무척 컸습니다. 그런데 조나단 스위프트는 영국 사람임에도 아일랜드 사람들로부터 큰 사랑을 받았습니다. 우리로 치자면 조선총독부에서 파견한 일본인 목사가 한국 사람들로부터 큰 존경과 사랑을 받은 것과 다름없습니다. 어떻게 그럴 수 있었을까요?

조나단 스위프트는 영국 사회의 부조리를 작품으로 표현하는 풍자 작가였습니다. 얼마나 노골적으로 정치와 사회, 종교를 비판했는지 그의 책은 금서로 지정되었고, 본인 역시 당국의 감시를 피해 다녀야 했습니다. 그가 쓴 책이 바로 『걸리버 여행기』입니다. 이 책의 주인공 '걸리버'의 정식 이름은 '르무엘 걸리버'입니다.

한 사람이 세상을 바꿀 수는 없을지도 모릅니다. 세상을 바꾸자고 외쳐 대도 세상이 쉬이 변하지는 않습니다. 다니엘은 총리가 되어 세상을 바꾸려고 하지 않았습니다. 그저 자신에게 주어진 삶을 '르무엘'의 태도로 살았습니다. 그러자 그를 통해 하나님은 세상을 바꾸셨습니다.

다시 한 번 생각해 보겠습니다. 우리는 세상을 바꿀 수 없습니다. 억지로 바꾸려고 해서도 안 됩니다. 우리에겐 그럴 능력이 없으며 그것은 우리의 영역이 아닙니다. 우리는 다니엘처럼 우리에게 맡겨 주신 삶을 충실히 감당하면 됩니다. 르무엘의 이야기처럼 살아가면 됩니다. 그런 오늘의 '다니엘'을 사용하여 세상을 변화시키는 것은 하나님의 몫입니다.

부디 이 책을 읽는 우리를 통해 하나님이 일하실 수 있기를 기대하며,『걸리버 여행기』의 한 부분을 인용하며 다니엘 수업을 마칩니다.

나의 조그만 친구여, 자네는 자네 조국에 대해서 칭찬을 했네. 고관이 될 조건은 사악한 마음씨라는 점을 입증해 주었네. 법을 악용하는 데 능력이 있는 사람이 재판관이 된다는 사실도 입증해 주었네. 자네 나라에서는 어떤 제도가 시작은 훌륭했지만 결국에는 부패로 인해서 빛이 바랜 걸로 보이네. 자네가 말한 것으로 볼 때 어떤 사람이 어떤 지위를 얻는 데는 그 방면의 학식으로 얻는 것 같지도 않고, 귀족들은 훌륭한 인격 덕분에 귀족이 되는 것 같지도 않고, 성직자들은 신앙심이나 학식으로 인해서 진급하는 것 같지도 않고, 군인은 국가에 대한 충성심으로 진급하는 것 같지도 않고, 의회의 의원들은 애국심으로써 그 자리로 올라가는 것 같지도 않네. 자네는 여러 해 동안 이곳저곳으로 떠돌아다니면서 보냈으니 자네 나라의 악에 물들지 않았으면 하네. 내가 자네 이야기를 들어 보고 판단한 바로는, 자네 나라의 인간들은 자연이 이제껏 이 지구상에서 기어다닐 수 있게 만들어 준 벌레들 중에서 가장 고약한 벌레들이라고 결론 내릴 수밖에 없네.[46]

세상을 변화시키자는 말은 그만!

이제 『다니엘 수업』의 책장을 덮고, 우리가 '다니엘'이 되어 하나님 나라를 만들어 갈 차례입니다. 다니엘을 치열하게 살펴보면 살펴볼수록 다니엘서의 핵심이 총리가 되고, 고지를 점령하는 것이 아니라는 점을 발견하게 되었습니다. 다니엘은 욕망의 사다리가 아니라 우리가 닮아야 할 표본이라고 말하는 것이 더 적절할 듯합니다.

다니엘 역할을 잘 감당하려고 마음먹으니 두 작가가 떠오릅니다. 첫 번째 작가는 아일랜드가 자랑하는 제임스 조이스(James Joyce)입니다. 아일랜드는 오랜 기간 영국의 식민지였고, 독실한 신앙을 바탕으로 했다는 점에서 우리 민족의 정서와도 무척 비슷합니다. 그의 대표작 『더블린 사람들』을 보면 마치 우리의 자화상을 보여 주는 거울 같은 느낌을 받습니다.

아일랜드의 보수적이고, 엄격한 반지성주의적 태도는 제임스 조이스, 사무엘 베케트, 오스카 와일드 같은 작가들을 질식시켜서 조국을 떠나게 만들었습니다. 그래서인지 작품 『더블린 사람들』을 지배하는 키워드는 '마비'입니다. 영적으로, 양심적으로 무감각해진 채 관행으로 살아가는 습성을 제임스 조이스는 준엄하게 지적합니다.

> 매일 밤 나는 창문을 응시하면서 "마비"라는 말을 나직하게 중얼거려 보았다. 그럴 때마다 그 말은 언제나 내 귀에는 유클리드 기하학에 나오는 경절형이라는 말과 교리문답서에 나오는 성직 매매죄라는 말처럼 생소하게만 들렸다.[47]

제임스 조이스는 조국을 떠난 후 다시 돌아가지 않았지만, 늘 아일랜드를 생각하며 작품을 썼습니다. 그가 애증 섞인 조국을 생각할 때마다 했던 고민은 이것입니다. 곧 더블린은 오랫동안 아일랜드의 수도였고, 대영 제국에서 두 번째로 큰 도시이며, 베네치아의 세 배나 되는 크기임에도 지금까지 그 어떤 예술가도 이 도시를 세상에 제대로 알리지 않은 겁니다. 그가 본 더블린은 '마비'가 생각나는 전형적인 도시였습니다.

이런 작품 배경을 음미해 보면 '더블린 사람들'을 '서울 사람들'로 바꾸고, 인명과 지명을 한국식으로 바꿔도 큰 문제가 없으리라 생각합니다. 서울은 오랜 기간 한반도의 중심 도시였고, 세계에서 손에 꼽히는 큰 도시들 중 하나이며, 가장 큰 교회 건물이 몰려 있는 곳이기 때문입니다. 그럼에도 지금까지 기독교의 표준은 언제나 해외로 눈길을 돌리고 있는 현실이 그려집니다. 그러면서 우리의 기독교가 '마비'의 또 다른 전형은 아닐지 고민이 됩니다.

두 번째 작가는 찰스 디킨스(Charles Dickens)입니다. 그는 어린 시절부터 공장에서 일을 해야 했던 소년 가장 같은 삶을 살았습니다. 제대로 된 교육을 받지 못했고, 공장과 신문사에서 허드렛일을 하던 평범한 사람이었습니다. 그러다 22세의 나이에 그가 저항하려고 펜을 드는 사건이 발생합니다. 1834년에 있었던 신빈민구제법입니다. 이 법은 노숙자, 부랑아, 극빈자들을 강제 노역소에 보내어 최소한의 끼니와 잠자리만 제공하고 혹독한 노동을 시키는 것이 핵심이었습니다. 이런 현실로 인해 대부분의 빈민들은 강제 노역소로 보내지는 것을 죽기보다 싫어했습니다. 이것은 철저히 상류층들의 편의를 위한 법이었습니다. 가난한 사람들을 눈앞에서 '치워 버리는' 것이었습니다.

이런 현실에 저항하기 위해 무명의 젊은 작가는 『올리버 트위스트』를 썼습니다. 한 사람이 변화되는 것은 사랑과 신뢰를 통해서 가능하다는 내용이며, 다니엘이 느부갓네살에게 조언했던 바로 그 내용이기도 합니다. 이 작품은 영국 사회에 큰 반향을 일으켰고, 그 덕에 찰스 디킨스는 주목받는 작가가 되었습니다.

그럼에도 불구하고 영국은 세계를 식민지화하면서 경제적인 부를 증식해 나갔습니다. 1839년부터 시작된 아편전쟁은 영국이 돈을 위해 얼마나 많은 사람들을 마약에 중독시킬 수 있는지를 보여 주는 사례입니다. 영국은 세계 선교의 중심이었고, 세계를 주도하는 나라였습니다. 그렇게 도약할 수 있었던 것은 노동자들을 기계 속으로 밀어 넣고, 인도 사람들을 쥐어짰으며, 중국 사람들을 아편에 중독시키고, 아프리카 사람들의 피를 흘린 대가였습니다. 그렇게 영국이 '해가 지지 않는 나라'라는 칭호를 얻은 것은 하나님의 축복일까요?

바로 이런 시기에 그리스도의 탄생과 그 의미를 알리기 위해 찰스 디킨스가 쓴 작품이『크리스마스 캐럴』입니다. 디킨스가 1843년 12월 19일에 이 작품을 출간한 이유는 다가오는 크리스마스에 이 책을 가난하고 소외된 아이들에게 선물로 주려고 했기 때문이었습니다. 그런 이 작품 하나로 성탄절 때마다 크리스마스 인사를 건네며 선물을 주고받고, 가난한 사람들을 돌보며 기부하는 문화가 생겼다면 한 사람이 가져오는 변화가 결코 작지 않음을 깨닫게 됩니다.

찰스 디킨스가『올리버 트위스트』나『크리스마스 캐럴』을 써서 이 땅의 '올리버들'을 없애고, 크리스마스 문화를 변화시키려는 야망을 가졌던 것은 아닙니다. 그저 정의롭고 사랑이 넘치는 공간을 만들기 위해서 부당함에 저항했던 그 용기를 하나님이 사용하셨다고 믿습니다. 어쩌면 찰스 디킨스의 눈에 보이는 스크루지는 '다니엘'이라는 이름을 부르는 우리의 모습이 아닐지 생각해 봅니다. 이 책을 덮는 순간에『크리스마스 캐럴』의 마지막 장면을 전하려고 합니다.

> 스크루지는 그 후로 더 이상 유령들을 만나지 않았고, '완벽한 금욕주의자'로 살았다. 그리고 살아 있는 사람들 가운데 크리스마스를 어떻게 보내야 하는지에 대한 말이 나올 때면 언제나 그의 이름이 언급되었다. 진심으로 바라노니 우리 모두도 스크루지처럼 불리길! 그리고 꼬맹이 팀의 말대로 우리 모두에게 하나님의 가호가 있기를![48]

세상을 변화시키자는 말은 이제 그만, 그것은 하나님의 영역입니다. 우리는 그저 스크루지의 옷을 벗고, 우리 곁에 있는 꼬맹이 팀 같은 이들에게 하나님의 가호를 전하기만 하면 됩니다. 그러면 세상은 하나님에 의해 변화를 시작할 겁니다.

주

1) 다니엘 디포, 『로빈슨 크루소』, 대교, 93~97.
2) 아우구스티누스, 『신국론』, 15권 22장.
3) 이리스 뮐러 베스테르만, 『뭉크, 추방된 영혼의 기록』, 예경, 38.
4) 알베르 카뮈, 『페스트』, 문예출판사, 139.
5) 알베르 카뮈, 『페스트』, 책세상, 184~185.
6) 이종수, 『대영박물관에서 만나는 성경의 세계』, 예영커뮤니케이션, 67~68.
7) 괴테, 『파우스트』, 문예출판사, 567~568.
8) 이종수, 위의 책, 32.
9) 이종수, 위의 책, 47.
10) 허먼 멜빌, 『모비 딕(상)』, 열린책들, 286~287.
11) 허먼 멜빌, 『모비 딕(하)』, 열린책들, 404~406.
12) 이종수, 위의 책, 50.
13) 헤로도토스, 『역사』, 2권 141절.
14) 대영박물관에서 제공하는 '블랙오벨리스크' 관련 설명 참고.
15) 이종수, 위의 책, 94.
16) 이종수, 위의 책, 72.
17) 이 부분은 British Museum 관련 Biblical Archaeology Society 기사 내용 중 'the words of the prophets are not good'의 내용을 언급함. The Lachish Letters of ostraca 중에서.
18) 톨스토이, 『부활(상)』, 열린책들, 40.
19) 이종수, 위의 책, 93~94.
20) 이종수, 위의 책, 97.
21) 헤로도토스, 『역사』, 1권 181절.
22) 요세푸스, 『유대고대사』, 1권 4장 3절.
23) 헤르만 헤세, 『한 권으로 독파하는 헤르만 헤세 걸작선』, 나래북에림북, 67.
24) 헤르만 헤세, 위의 책, 175.
25) 조지 오웰, 『동물농장』, 새움, 25~26.
26) 이종수, 위의 책, 102.
27) 이종수, 위의 책, 102.
28) 박정수, 『고대 유대교의 터·무늬』, 새물결플러스, 57.
29) 헤로도토스, 『역사』, 1권 191절.
30) 도스토옙스키, 『죄와 벌』, 열린책들, 808~810.
31) 요세푸스, 『유대고대사』, 10권 11장 7절.
32) 박정수, 위의 책, 58~60.
33) 대영박물관 52관 설명 부분 참고.
34) 움베르토 에코, 『장미의 이름(상)』, 열린책들, 221, 226.
35) 움베르토 에코, 『장미의 이름(하)』, 열린책들, 848~849.

36) 브리태니커 백과사전, "아시리아의 개기일식" 부분 참고.

37) 요세푸스, 『유대고대사』, 13권 9장 1절.

38) 이종수, 위의 책, 75.

39) 한나 아렌트, 『에루살렘의 아이히만』, 한길사, 349.

40) 오 헨리, 『크리스마스 선물』, 비채, 29.

41) 일반적으로 교회에서 사용하는 개역개정 성경은 다니엘서가 12장에서 끝나지만, 공동번역
   에는 외경을 포함하여 14장까지 나와 있다.

42) 김청연, 『기억해, 언젠가 너의 목소리가 될 거야』, 책폴, 175~179.

43) 다니엘 디포, 『전염병 연대기』, 신원문화사, 399-400.

44) 플래너리 오코너, 『플래너리 오코너』, 〈인조 검둥이〉, 현대문학, 364~365.

45) 마크 트웨인, 『아서 왕 궁전의 코네티컷 양키』, 시공사, 82~83.

46) 조나단 스위프트, 『걸리버 여행기』, 문예출판사, 167~168.

47) 제임스 조이스, 『더블린 사람들』, 문학동네, 9~10.

48) 찰스 디킨스, 『크리스마스 캐럴』, 펭귄코리아, 197.